Dominik Frey

AusZeit

HERDER

GEMEINDEPRAXIS

Dominik Frey

AusZeit

15-Minuten-Impulse für Gemeinde, Schule und Gruppenarbeit

Mit CD-ROM

HERDER

FREIBURG · BASEL · WIEN

www.herder.de

Umschlaggestaltung: Finken & Bumiller
Umschlagmotiv: photocase5utkt7qy2

Satz- und CD-ROM-Gestaltung: SatzWeise, Föhren
Herstellung: fgb · freiburger graphische betriebe
www.fgb.de

Gedruckt auf umweltfreundlichem, chlorfrei gebleichtem Papier
Printed in Germany

ISBN 978-3-451-32811-4

Inhalt

Verwendete Liederbücher:
GL = Gotteslob
EG = Evangelisches Gesangbuch
EH = Erdentöne Himmelsklang (Schwabenverlag 1995)
KR = Kreuzungen (Martin Müller, Sasbach 2003, www.kreuzungen.com)
TR = Troubadur für Gott (Kolping Bildungswerk/Echter Verlag Würzburg, 6. erweiterte Auflage 1999)
RU = Rise Up (Rex Verlag, Luzern, 3. Auflage 2006)
UW = Unterwegs (Dt. Liturgisches Institut, Trier, 2. Auflage 1998)

Vorwort

»In 15 Minuten sind die Russen auf dem Kurfürstendamm« – ein Song von Udo Lindenberg aus der Zeit des Kalten Krieges. Mittlerweile besteht diese Gefahr zum Glück nicht mehr. Aber in einer Viertelstunde kann nach wie vor viel passieren. Ich kann zum Beispiel in Kontakt mit mir selbst oder mit Gott kommen. Spirituelle Angebote haben meistens den Anspruch, dass dabei etwas in dieser Art geschieht.

In meinem Leben sind allerdings schon einige spirituelle Impulse an mir vorbeigerauscht, ohne dass dabei viel passiert wäre: vor Pfarrgemeinderatsitzungen, in Dekanatskonferenzen, bei Dienstgesprächen, in Jugendgruppen, in der Schule oder auch innerhalb von Gottesdiensten. Es kann viele Gründe dafür geben, dass mich ein spirituelles Angebot kaltlässt. Aber an der Qualität der Impulse sollte es nicht liegen müssen.

Über Gelingen oder Nicht-Gelingen eines spirituellen Angebotes entscheiden aber auch noch andere Umstände: das Setting von Raum, Licht und Temperatur, die Zusammensetzung der Gruppe, die Disposition des Einzelnen und nicht zuletzt die Art und Weise, wie Texte, Gebete und Lieder vorgetragen und begleitet werden.

In diesem Buch habe ich meine besten spirituellen Impulse zusammengestellt. Die Impulstexte stammen aus meinen Radioansprachen bei SWR3. Sie versuchen, die Teilnehmenden im Alltag abzuholen, Spiritualität und Leben zu verbinden. Schriftlesung, Gebete und Lieder sollen in die Tiefe führen. Die Aktivierung der Teilnehmenden spricht meistens noch eine andere Ebene an: Kreativität, Spieltrieb, Gedankenaustausch, Meditation. Spiritualität ist ja etwas Ganzheitliches.

Ich kann Sie nur dazu ermutigen, die Impulse als Vorschläge zu betrachten. Passen Sie sie an Ihre Gruppe an. Stellen Sie um, lassen Sie weg, fügen Sie hinzu. Mit Senioren werde ich kein wildes Bewegungsspiel machen. Mit Jungs im Stimmbruch werde ich keine 5 Strophen singen. Vor einer Sitzung mit einer großen Tagesordnung werde ich den Impuls um ein Element kürzen. Für einen Wortgottesdienst werde ich noch einen Psalm oder weitere Lieder hinzufügen.

Bei einer Serie von Impulsen bieten sich gleichbleibende Elemente wie eine besondere Eröffnung oder ein bestimmter Schluss-Segen an.
In 15 Minuten kann viel passieren. Es wäre schön, wenn das mit Hilfe dieses Buches ein bisschen leichter fallen würde.

Dominik Frey

Nachnamen, Fingerabdrücke und andere geniale Erfindungen

... über unsere Vorstellungen vom »lieben Gott«

1. Göttlicher Erkennungsdienst

Der Fingerabdruck Gottes

Material:	▶ Din-A4-Blätter, Stifte
	▶ Teelichte
	▶ Liedblatt oder Liederbuch KR
Vorbereitung:	▶ Blätter und Stifte bereitlegen
Stichwort:	Hand, Zusage, Vertrauen, Versagen, Fingerabdruck
Bibelstelle:	Jes 49,14–16 – Zusage Gottes an sein Volk in Gefangenschaft

Impulstext

Es ist das Jahr 1858. Der englische Beamte Sir William Herschel sitzt wie jede Woche in der englischen Zivilverwaltung in Kalkutta und zahlt Löhne an die indischen Angestellten aus. Und wie jede Woche ärgert er sich, dass er an mehr Personen auszahlen muss, als eigentlich beschäftigt sind. Es liegt wohl daran, dass sich manche einfach zwei Mal anstellen. Als Europäer kann William Herschel die indischen Gesichter einfach nicht unterscheiden.

Am 28. Juli dann kommt ihm eine Idee. Er taucht die Finger der Lohnempfänger in Farbe und macht einen Abdruck neben die Unterschrift. Eine Idee, die sich später zum wichtigsten Unterscheidungsmerkmal im polizeilichen Erkennungsdienst entwickelt: der Fingerabdruck – bis in alle Einzelheiten individuell, nicht vererbbar und ein Leben lang unveränderbar.

Schon lange bevor William Herschel den polizeilichen Erkennungsdienst revolutioniert, gebraucht der Prophet Jesaja ein ganz ähnliches Bild. Jesaja berichtet uns in der Bibel über eine erstaunliche Zusage Gottes an uns. Der sagt nämlich zu uns Menschen: »Ich vergesse dich nicht. Ich habe dich unauslöschlich in meine Hände eingezeichnet!«

Ich finde, da geht Gott ein ganz schön hohes Risiko ein. Mit dieser Zusage macht er mich ja zum Teil seines Fingerabdrucks, seiner Identität. Und zwar auf ewig! Wenn ich nun Mist baue, dann ist auch dieser Mist Teil des göttlichen Fingerabdrucks. Kaum zu glauben.

Biblischer Text: Jes 49,14–16

Einleitung:

Israel, das Volk Gottes, ist in Gefangenschaft in Babylon geraten. Der Prophet Jesaja macht dem Volk Mut. Er kündigt an, dass es bald heimkehren wird nach Jerusalem zum Gottesberg Zion.

Zion *(= Jerusalem)* sagt: Der Herr hat mich verlassen, Gott hat mich vergessen. Kann denn eine Frau ihr Kindlein vergessen, eine Mutter ihren leiblichen Sohn? Und selbst wenn sie ihn vergessen würde: ich vergesse dich nicht. Sieh her: Ich habe dich eingezeichnet in meine Hände, deine Mauern habe ich immer vor Augen.

Aktivierung

- Die Teilnehmer/innen (TN) malen (evtl. sich gegenseitig) schweigend ihren Handabdruck auf ein DIN-A4-Blatt ab und legen es in die Mitte.
- TN zünden ein Teelicht an der Osterkerze an und stellen es auf ihren Handumriss. Dazu dürfen TN die Worte sprechen: »Ich bin eingezeichnet in Gottes Hände.«

Gebet/Segen

Guter Gott,
eingezeichnet darf ich sein.
Teil deiner selbst.
Teil deines Fingerabdrucks.
Die Schlingen und Windungen in deinem Profil:
ich präge sie mit.
Auch wenn ich weit von dir entfernt scheine:
du nimmst mich bei dir auf,
in aller Freiheit. Amen.

- oder/und: Psalm 71 im Wechsel gebetet

Lied

- RU 120: He's got the whole world in his hand

2. Keep on Running

Das Gesicht Gottes

Material:	▶ Lied »One of us« von Joane Osborne, entsprechendes Abspielgerät ▶ Ausdrucke des Liedtextes von »One of us« (siehe Kopiervorlage) ▶ Liedblatt oder Liederbuch KR
Vorbereitung:	▶ Aufnahme des Liedes besorgen, Aufnahmegerät bereitstellen, Liedtexte ausdrucken und vervielfältigen
Stichwort:	Weg, Pilgern, Aufgeben, Zeichen, Zukunft, Entscheidung, Hilfe
Bibelstelle:	Ez 39,23a.24–25.28–29 – Verheißung Gottes an sein Volk in Gefangenschaft

Impulstext

Der berühmte TV-Spaßvogel H. P. Kerkeling hatte im Jahr 2001 endgültig erkannt: so kann es nicht weitergehen. Nach einem Hörsturz und weiteren Warnsignalen seines Körpers wollte er für eine Weile aussteigen und mal was ganz anderes machen. Er hat sich für den Jakobsweg entschieden. Ein Pilgerweg über die Pyrenäen und durch den Nordwesten Spaniens bis nach Santiago de Compostella.

Dieser Weg ist kein Zuckerschlecken, und schon gar nichts für Weicheier. Und eines Tages ist auch H. P. Kerkeling so weit, dass ihn der Pilgerweg endgültig weichgeklopft hat. Weichgeklopft mit Staub, Hitze und Hühneraugen. Kerkeling sitzt gerade in einer spanischen Frühstücksbar und sein Entschluss steht fest: »So, es ist so weit, ich gebe auf. Ich bringe den Pilger in mir um die Ecke.«

Da steht auf einmal der Kellner vor ihm, um die Bestellung aufzunehmen. Auf seinem T-Shirt steht »Keep on running«, also »Lauf weiter!«. Kerkeling ist nun wahrlich kein Mensch, der Gott in allem und jedem vermutet. Aber für den Entertainer ist das bedruckte T-Shirt in diesem Moment ein Fingerzeig Gottes. »Keep on running« – und er ist tatsächlich weitergelaufen. Zum Glück, wie sich später herausstellte. Denn auf seinem weiteren Weg hat er noch jede Menge spirituelle Erfahrungen und tolle Erlebnisse gehabt.

Ganz praktisch eigentlich, so ein Fingerzeig Gottes. Vielleicht zeigt Gott ja auch mir manchmal, wo's lang geht. Das Problem dabei ist nur: Wann vertrau *ich* schon mal einem bedruckten T-Shirt?

Biblischer Text: Ez 39,23a.24–25.28–29

Einleitung:

Israel, das Volk Gottes, ist in Gefangenschaft geraten. Der Prophet Ezechiel zerstreut die Befürchtungen Israels, Gott habe sich von seinem Volk abgewendet. Er macht dem Volk Hoffnung auf eine baldige Heimkehr in ihr eigenes Land.

Die Völker werden erkennen, dass das Haus Israel wegen seiner Schuld verschleppt wurde. Wie ihre Unreinheit und ihre Vergehen es verdienten, so habe ich sie behandelt und mein Angesicht vor ihnen verborgen.
Darum – so spricht Gott, der Herr: Jetzt werde ich das Geschick Jakobs wenden, ich will Erbarmen haben mit dem ganzen Haus Israel und will mit leidenschaftlichem Eifer für meinen heiligen Namen eintreten.
Dann werden sie erkennen, dass ich, der Herr, ihr Gott bin; denn nachdem ich sie zu den Völkern weggeführt hatte, habe ich sie wieder in ihrem Land versammelt und keinen von ihnen in der Fremde zurückgelassen.
Ich verberge mein Gesicht nicht mehr vor ihnen; denn ich habe meinen
Geist über das Haus Israel ausgegossen.

Aktivierung

- TN hören das Lied »One of us« von Joane Osborne.
- TN lesen sie den Liedtext mit 2 verschiedenen Stimmen (englisch – deutsch, s. Anlage).
- Zum Abschluss wird noch einmal das Lied gehört mit Möglichkeit zum Mitlesen des Textes.
- Mögliche Impulsfragen (erst Einzelarbeit, dann Austauschrunde):
  - Wie würde ich Gott ansprechen, wenn er mir gegenüberstünde?
  - Was würde ich ihn fragen?
  - In welchen Menschen könnte Gott mir begegnen?

Gebet/Segen

Guter Gott,
zeig dich mir – ohne dass ich erschrecke.
Weise mir den Weg – ohne mich zu zwingen.
Gieß deinen Geist über mir aus – ohne mich zu vereinnahmen.
Schenke mir Achtsamkeit
für deine Zeichen und deine Liebe. Amen.

Lied

- KR 56/TR 82: Dein Geist weht, wo er will

3. Kurioses Namenskabinett

Der Name Gottes

Material:	▶ JHWH-Plakat (siehe Kopiervorlage), »kleines hebräisches Wörterbuch« (siehe Kopiervorlage) ▶ Stifte ▶ Liedblatt oder Liederbuch KR
Vorbereitung:	▶ Kopiervorlagen ausdrucken, Plakat evtl. auf A3 kopieren.
Stichwort:	Name, Zusage, Vertrauen, Moses
Bibelstelle:	Ex 3, 13–15 – Moses am brennenden Dornbusch

Impulstext

Es gibt schon kuriose Nachnamen. »Morgenschweiß« oder »Guckinsglas« zum Beispiel. Aber unsere Nachnamen können wir uns nun mal nicht aussuchen. Ursprünglich hatten die Menschen bei uns wohl nur einen Vornamen. Irgendwann hat der dann nicht mehr ausgereicht, um die Leute zu unterscheiden. Also haben sich unsere Vorfahren Beinamen gegeben. Und so wurde eben aus dem Dorfbäcker der Herr Beck und aus dem schmächtigen Hans der Hans Klein.

Die Menschen haben nach Charaktereigenschaften gesucht, die eine Person aus der Masse hervorheben. Die Vorfahren von Familie Morgenschweiß waren wohl Frühaufsteher und die von Familie Guckinsglas haben gerne ein Gläschen getrunken.

»Hat der liebe Gott eigentlich auch einen Namen?« – das hat mich ein Erstkommunionkind gefragt. Und ich war froh, dass mir auf die Schnelle die passende Bibelstelle eingefallen ist. Es ist die Szene, wo Moses in der ägyptischen Wüste vor einem brennenden Dornbusch steht. Dort verrät Gott seinen Namen. Er sagt: »Nennt mich Jahwe«.

Wie unsere Namen, so hat auch der Name »Jahwe« eine Bedeutung. Und er verrät uns etwas über Gott. Jahwe ist Hebräisch. Die Silbe »Ja« heißt »Ich bin«. Und die drei Buchstaben, die im Hebräischen folgen – HWH – die heißen »Ich-bin-da«. Und zwar je nach Zusammenhang in allen Zeitformen. Also »Ich-war-da«, »Ich-bin-da« und »Ich-werde-da-sein«.

Gott als unser Begleiter. In Vergangenheit, Gegenwart und Zukunft. Das haben die Israeliten damals unter Moses erfahren. Und auch wir dürfen fest damit rechnen: Unser Gott Jahwe ist immer da.

Biblischer Text: Ex 3, 13–15

Einleitung:

Gott erscheint dem Mose in einem brennenden Dornbusch. Er befiehlt Mose, die unterdrückten Israeliten aus Ägypten herauszuführen. Mose verlangt von Gott, dass der seinen Namen nennt. Mose sagt …

Gut, ich werde also zu den Israeliten kommen und ihnen sagen: Der Gott eurer Väter hat mich zu euch gesandt. Da werden sie mich fragen: Wie heißt er? Was soll ich ihnen darauf sagen? Da antwortete Gott dem Mose: Ich bin der »Ich-bin-da«.
Und er fuhr fort: So sollst du zu den Israeliten sagen: Der »Ich-bin-da« hat mich zu euch gesandt. Weiter sprach Gott zu Mose: So sag zu den Israeliten: Jahwe, der Gott eurer Väter hat mich zu euch gesandt. Das ist mein Name für immer, und so wird man mich nennen in allen Generationen.

Aktivierung

- TN bekommen die Hebräischen Buchstaben JHWH anhand eines Plakates erklärt.
- TN dürfen auf ein vorbereitetes Blatt (Überschrift: »kleines hebräisches Wörterbuch«, s. Anlage) drei Mal den hebräischen Gottesnamen abmalen. Jeweils als Übersetzung hinter den Sätzen:
  - Ich war da = יהוה
  - Ich bin da = יהוה
  - Ich werde da sein = יהוה

Gebet/Segen

Guter Gott,
Gewesener,
Seiender,
Zukünftiger,
du bist an meiner Seite
alle Tage meines Lebens
von nun an bis in Ewigkeit. Amen

Lied

- KR 206/EH 115: Ich bin der Ich-bin-da

4. Deep Fritz

Gottes geniale Schöpfung

Material:	▶ Psalmrohling (siehe Kopiervorlage), Stifte ▶ Liedblatt oder Liederbuch
Vorbereitung:	▶ Psalmrohling ausdrucken und vervielfältigen
Stichwort:	Computer, Intelligenz, Schöpfung, Lobpreis
Bibelstelle:	Sir 42,15–16.18.21–25 – Lobpreis der Schöpfung

Impulstext

Schon mal was von »Deep Fritz« gehört? »Deep Fritz« ist der Name des Schachcomputers, der den Schachweltmeister Wladimir Kramnik mit 4:2 besiegte. Der Kampf Mensch gegen Maschine ging erstmals zugunsten des Computers aus.

Der Siegeszug der Computer hat sich aber schon eher angedeutet: Immer zum Jahresende wählt das Nachrichtenmagazin TIME den »Menschen des Jahres«. 1982 erhielt diese Auszeichnung nicht ein Mensch, sondern – der Computer. TIME argumentierte, dass in jenem Jahr der Computer die Welt am maßgeblichsten verändert habe. Und im Nachhinein muss man dem Nachrichtenmagazin Recht geben.

Inzwischen ist der Computer ein echter Alleskönner: er steuert Autos und Satelliten, er rechnet blitzschnell, verwaltet Unmengen von Daten und spielt eben auch Schach. Allerdings: Eine Gefühlsregung nach einem Schachmatt dürfen wir nicht erwarten. »Deep Fritz« brachte nach seinem Sieg weder ein hämisches Grinsen noch ein Freudenstrahlen zustande. Und auch in Sachen Mitleid, Einfühlungsvermögen, Trauer und Lebensfreude sind wir Menschen dem Computer weit überlegen.

Noch eines: Computer sind echte Fachidioten. Nur in ihrer Spezialdisziplin unschlagbar. Als Stefan Raab gegen »Deep Fritz« eine Partie Schach hoffnungslos verloren hatte, konterte er: »Aber bei ›Schlag den Raab‹ an der Kletterwand hätte »Deep Fritz« keine Chance gegen mich.«

Ich glaube, der entscheidende Unterschied zwischen Mensch und Maschine liegt in ihrem Erschaffer. Denn in jedem erschaffenen Werk scheint ja auch ein bisschen die Genialität des Erfinders hervor. Der Computer wurde vom Menschen gemacht. Der Mensch aber von Gott. In jedem von uns blitzt also Gott durch. Und das macht wohl den Unterschied.

Biblischer Text: Sir 42,15–16.18.21–25

Einleitung:

Der Weisheitslehrer Jesus Sirach aus dem Alten Testament bewundert in seiner Beschreibung die Natur als Schöpfung Gottes:

Nun will ich der Werke Gottes gedenken; was ich gesehen habe, will ich erzählen: Durch Gottes Wort entstanden seine Werke; seine Lehre ist ein Ausfluss seiner Liebe. Über allem strahlt die leuchtende Sonne, die Herrlichkeit des Herrn erfüllt alle seine Werke.
Meerestiefe und Menschenherz durchforscht er, und er kennt alle ihre Geheimnisse. Der Höchste hat Kenntnis von allem, bis in die fernste Zeit sieht er das Kommende.
Seine machtvolle Weisheit hat er fest gegründet, er ist der Einzige von Ewigkeit her. Nichts ist hinzuzufügen, nichts wegzunehmen, er braucht keinen Lehrmeister.
Alle seine Werke sind vortrefflich, doch sehen wir nur einen Funken und ein Spiegelbild. Alles lebt und besteht für immer, für jeden Gebrauch ist alles bereit. Jedes Ding ist vom andern verschieden, keines von ihnen hat er vergeblich gemacht. Eines ergänzt durch seinen Wert das andere. Wer kann sich sattsehen an ihrer Pracht?

Aktivierung

- TN bekommen einen »Psalm-Rohling« (s. Anlage) und sollen daraus ihren persönlichen Schöpfungspsalm kreieren.

Gebet/Segen

Guter Gott,
segne deine große Welt!
Meeresgrund und Himmelszelt,
Seen, Wüsten, Berge, Wälder,
Wiesen, Bäume, Blumen, Felder,
alle Tiere groß und klein
und uns Menschen obendrein.
Darum bitten wir im Namen des
+ Vaters und des Sohnes und des Heiligen Geistes. Amen.

– oder/und: Psalm 104 im Wechsel gebetet

Lied

– KR 273/TR 141/UW 68/EG 515/RU 110: Laudato Si
– GL 300/EG 427: Solang es Menschen gibt auf Erden

5. Pipe Down!

Gott ist anders

Material:	▶ Klangschale oder Glocke ▶ Liedblatt oder Liederbuch
Vorbereitung:	▶ /
Stichwort:	Stille, Musik, Lärm, Stress, Konsum, Meditation. Hören, Sinne
Bibelstelle:	1 Kön 19,11–13 – Gott erscheint Elija im Säuseln des Windes

Impulstext

»Pipe down« ist englische Umgangssprache und heißt so viel wie »Halt die Klappe«. »Pipe down«, so heißt auch der »Verein für das Recht auf Stille«. Einige bekannte Menschen wie Altkanzler Helmut Schmidt, Komiker Didi Hallervorden oder der Dirigent Kurt Masur haben sich der Bewegung angeschlossen. Sie sind es leid, immer und überall mit Hintergrundmusik beschallt zu werden. Sie wollen in Ruhe einkaufen, Fahrstuhl fahren oder Essen gehen.
Pipe down will niemandem die Musik verbieten, ist aber gegen die inzwischen übliche Dauerberieselung. Die wird nämlich oft gar nicht mehr als Musik wahrgenommen, sondern hebt nur noch den allgemeinen Geräuschpegel an. Und damit trägt sie bei zur allgemeinen »Ohrverschmutzung«.
Viele Menschen suchen die Stille geradezu. Ob bei Schweigeseminaren oder in Kirchengebäuden. Und ich selbst erlebe es auch immer wieder als wohltuend, aus dem geschäftigen Treiben eines Marktplatzes in die Stille einer Kirche einzutreten. Das ist Entspannung pur, Urlaub für die Ohren.
Dieses Gefühl kenne ich sonst nur aus den Bergen. Wenn dann auf einem einsamen Gipfel noch Schnee liegt, scheint die Stille perfekt zu sein. In solchen Situationen meine ich, Gott ein kleines Stückchen näher zu sein.

Biblischer Text: 1 Kön 19,11–13

Einleitung:

Der Prophet Elija hadert mit Gott, weil er keinen Erfolg hat. Da will sich Gott dem Elija zeigen. Aber anders, als der es erwartet …

Der Herr antwortete: Komm heraus, und stell dich auf den Berg vor den Herrn! Da zog der Herr vorüber: Ein starker, heftiger Sturm, der die Berge zerriss und die Felsen zerbrach, ging dem Herrn voraus. Doch der Herr war nicht im Sturm. Nach dem Sturm kam ein Erdbeben. Doch der Herr war nicht im Erdbeben. Nach dem Beben kam ein Feuer. Doch der Herr war nicht im Feuer. Nach dem Feuer kam ein sanftes, leises Säuseln. Als Elija es hörte, hüllte er sein Gesicht in den Mantel, trat hinaus und stellte sich an den Eingang der Höhle.

Aktivierung

- Stille-Übung: TN werden in die Stille geführt. Sie sollen auf Geräusche achten, die sie normalerweise nicht hören. Eine Glocke startet und beendet die Übung.
- Nach der Übung Austausch über die »neuen Geräusche«

Gebet/Segen

Guter Gott,
ich erwarte dich im Sturm, du aber kommst im Säuseln.
Ich erwarte dich im Licht, du aber kommst in der Dunkelheit.
Ich erwarte dich am Altar, du aber kommst an einem Tresen.
Ich erwarte dich im Gebet, du aber kommst in einer Diskussion.
Ich erwarte dich, wenn ich Hilfe brauche, du aber kommst, wenn ich helfe.
Ich erwarte dich als Herrscher, du aber kommst als Kind.
Ich glaube, du bist meistens anders, als ich es erwarte. Amen.

Lied

- Da wohnt ein Sehnen tief in uns (s. Seite 101)
- RU 012: Gott ist anders
- RU 112: Nicht im Sturm

6. Gottes Handynummer

Sprechen mit Gott

Material:	▶ Kopiervorlage »Handydisplay« oder eigene Handys der TN ▶ Stifte ▶ Liedblatt oder Liederbuch
Vorbereitung:	▶ Kopiervorlage ausdrucken und vervielfältigen oder: sicherstellen, dass alle TN ein eigenes Handy dabeihaben
Stichwort:	Beten, Handy, Kommunikation
Bibelstelle:	Mt 6,5–8 – Bergpredigt: Über das Gebet

Impulstext

Wenn es nur so einfach wäre ... Man wählt eine Telefonnummer, und schon geht der liebe Gott ran. Dann könnte ich endlich loswerden, was ich ihm schon lang mal sagen wollte: warum muss es auf der Welt so ungerecht zugehen? Oder warum haben es manche Menschen hier so schwer?
In Holland hat jetzt ein Künstler eine Handynummer unter dem Namen »Gott« einrichten lassen. Er heißt Johan van der Dong und ist aus Groningen. Er sagt: »Anrufer sollen die Gelegenheit haben, direkt mit Gott zu sprechen.« Na ja, wie gesagt: wenn es nur so einfach wäre ... Jedenfalls meldet sich unter der Handynummer eine Stimme: »Sie sprechen mit Gott. Im Augenblick bin ich nicht anwesend. Hinterlassen Sie ruhig eine Nachricht oder rufen Sie später noch einmal an. Und möglicherweise werden Sie dann erhört.«
Johan van der Dong erklärt die Aktion so: »Der Ansagetext soll Menschen ermutigen, ihre Gedanken zu ordnen und zu formulieren. Das ist auch eine Form des Gebets.«
Viele schütteln den Kopf, wenn sie von dieser Aktion hören. Ich finde aber, so daneben ist diese Idee gar nicht. Wenn ich bete, dann kann ich mit Gott so sprechen, als wenn ich mit einem guten Freund telefoniere. Ich kann ihm erzählen, wie's mir geht. Oder ich kann mich auch mal ausheulen. Allerdings: eine direkte Antwort darf ich von Gott nicht erwarten. So ähnlich wie beim Anrufbeantworter eben. – Und: Es klappt auch ohne Funknetz. Ein einfaches Gebet kann ich immer und überall sprechen. Und ich kann damit rechnen, dass Gott es hört. Gebührenfrei.

Biblischer Text: Mt 6, 5–8

Einleitung:

In der berühmten Bergpredigt lehrt Jesus uns das Vaterunser, das wir bis heute beten. Unmittelbar davor sagt er, wie man beten soll. Jesus sagt:

Wenn ihr betet, macht es nicht wie die Heuchler. Sie stellen sich beim Gebet gern in die Synagogen und an die Straßenecken, damit sie von den Leuten gesehen werden. Amen, das sage ich euch: Sie haben ihren Lohn bereits erhalten.
Du aber geh in deine Kammer, wenn du betest, und schließ die Tür zu; dann bete zu deinem Vater, der im Verborgenen ist. Dein Vater, der auch das Verborgene sieht, wird es dir vergelten. Wenn ihr betet, sollt ihr nicht plappern wie die Heiden, die meinen, sie werden nur erhört, wenn sie viele Worte machen. Macht es nicht wie sie; denn euer Vater weiß, was ihr braucht, noch ehe ihr ihn bittet.

Aktivierung

- TN schicken eine »SMS an Jesus«. Ein kurzer Dank, eine Bitte oder eine Klage, die sie gerade auf dem Herzen haben. In der Kurzsprache einer typischen SMS.
- Die Nummer kann entweder die eigene sein, oder die TN formulieren die SMS auf ein Blatt mit Handy-Display und Kürzelauswahl (s. Anlage).

Gebet/Segen

Guter Gott,
ich rufe dich an
um zu danken, um zu bitten, um zu klagen.
Ich rufe dich an
um loszuwerden, um zu ertragen, um nicht zu verzweifeln.

Ich rufe dich an
als Verbündeten, als Verantwortlichen, als Vergessener.
Ich rufe dich an, weil ich hoffe: du hörst mich. Amen.

Lied

- KR 26: Beten, loben, danken singen

Himmelsleiter, Liebeslieder und beste Freundinnen

... über unsere biblischen Geschichten

7. Prophet wider Willen

Jona und seine Eitelkeiten

Material:	▶ Postkarte mit Bild von Jona ▶ evtl. Pinwand (Pins, Nadeln) oder Klebestreifen/Kreppband zum Befestigen der Zettel an einer Wand ▶ Liedblatt oder Liederbuch KR
Vorbereitung:	▶ Postkarte Jona ausdrucken, vervielfältigen und ausschneiden
Stichwort:	Wille Gottes, Berufung, Gnade, Pflicht, Jona, Männer
Bibelstelle:	Jona 3,10 – 4,4

Impulstext

Jona – das ist eine Stadt in der Schweiz, ein beliebter Vorname und der Held einer biblischen Kurzgeschichte. Jona bekommt von Gott einen Auftrag: Er soll in die gottlose Stadt Ninive gehen und den bösartigen Einwohnern Gottes Strafe androhen.

Jona hat auf diese heikle Mission nicht die geringste Lust. Ihm liegt nicht viel an Ninive. Das auserwählte Volk ist doch Israel. Soll das Heidenpack ruhig untergehen! Doch nach langem Hin und Her tritt er die Reise an. Er predigt im mondänen Ninive von Gottes drohendem Strafgericht und ruft zur Umkehr auf. Und siehe da: Die Leute aus Ninive ändern tatsächlich ihr Leben und Gott verschont die Stadt.

Doch wieder hadert Jona mit Gott. Erstens: dieser ewige Großmut! Und zweitens: Jetzt steht er als falscher Prophet da.

Jona sitzt also in der brütenden Hitze vor den Toren der Stadt und schmollt. Und jetzt zeigt sich die Bibel wieder einmal von ihrer hintersinnigen Seite: Gott lässt über ihm einen Strauch wachsen, der ihm kühlen Schatten spendet. Jona freut sich über das Geschenk und fasst neuen Lebensmut. Doch am nächsten Tag lässt Gott die Pflanze wieder verdorren und schickt dazu einen mörderisch heißen Ostwind. Jona ist außer sich, doch das kennen wir ja bereits.

Und dann ertönt Gottes Stimme: »Jona, dir tut es Leid um den Strauch, für den du nicht gearbeitet hast. Über Nacht war er da, über Nacht ist er eingegangen.

Mir aber sollte es nicht Leid tun um Ninive, die große Stadt, in der mehr als 120.000 Menschen Leben?«
Ich glaube, die Jona-Geschichte will sagen, dass Gott sich nicht pachten lässt. Wer sich ihm zuwendet, hat seine Sympathie. Gott lässt sich weder berechnen noch vereinnahmen. Für ihn gibt es einfach nur – Menschen.

Biblischer Text: Jona 3,10 – 4,4

Einleitung:

Jona hat in Ninive gepredigt, wie Gott von ihm verlangt hat. Die Einwohner von Ninive tun Buße. Für Gott ein Grund, nicht länger an seiner Drohung gegen Ninive festzuhalten …

Und Gott sah ihr Verhalten; er sah, dass sie umkehrten und sich von ihren bösen Taten abwandten. Da reute Gott das Unheil, das er ihnen angedroht hatte, und er führte die Drohung nicht aus.
Das missfiel Jona ganz und gar, und er wurde zornig. Er betete zum Herrn und sagte: Ach Herr, habe ich das nicht schon gesagt, als ich noch daheim war? Eben darum wollte ich ja (…) fliehen; denn ich wusste, dass du ein gnädiger und barmherziger Gott bist, langmütig und reich an Huld und dass deine Drohungen dich reuen. Darum nimm mir jetzt lieber das Leben, Herr! Denn es ist für mich besser zu sterben, als zu leben.
Da erwiderte der Herr: Ist es recht von dir, zornig zu sein?

Aktivierung

- TN erhalten eine Postkarte mit einem Bild von Jona und zwei Sprechblasen (eine von Jona ausgehend, eine vom oberen Rand her).
- TN sollen sich einen Dialog zwischen Jona und Gott überlegen und in die Sprechblasen schreiben.
- Dialogkarten werden an eine Wand gepinnt/ausgelegt und können dort, wie bei einer Ausstellung, von allen TN betrachtet werden.

Gebet/Segen

Guter Gott,
mein Wille ist stark, mein Wille ist eigen, mein Wille ist frei.
Und dennoch:
Leite mich, wo ich an Grenzen stoße.
Locke mich, wo ich zaghaft bin.
Führe mich in die Weite, wo ich zu eng denke.
Denn dein Wille geschehe
wie im Himmel so auf Erden. Amen.

Lied

- KR 321: Sag nicht, ich bin noch so jung (v. a. 3. Str.)

8. Wahre Liebe!

Das Hohelied der Liebe

Material:	▶ Papierherzen mit »Liebe ist …«-Beschriftung, Stifte ▶ Liedblatt oder Liederbuch
Vorbereitung:	▶ Herzen ausschneiden und beschriften/mit Aussagen bekleben (siehe Kopiervorlage)
Stichwort:	Freundschaft, Liebe, Partnerschaft, Beziehung, Hohelied
Bibelstelle:	1 Kor 12,31b – 13,2.4–5.7–8a

Impulstext

Reliunterricht, neunte Klasse. Kommentar von Tobi: »Das ist ja voll Porno!« Tobi meint nicht etwa ein Handy-Video oder ein Schmuddelheftchen unterm Tisch. Nein, wir haben eben in der Bibel gelesen. Das Hohelied aus dem Alten Testament war dran. Und dann Tobi eben: »Das ist ja voll Porno!«

Etwas krass ausgedrückt, vor allem im Zusammenhang mit der Bibel. Aber irgendwie kann ich Tobi auch verstehen, denn im Hohelied geht es sehr ausführlich um die Liebe.

Da beschreibt ein Bräutigam seine Braut. Es heißt: »Rote Bänder sind deine Lippen; lieblich ist dein Mund. Wie der Turm Davids ist dein Hals. Deine Brüste sind wie zwei Kitzlein. Wie schön ist deine Liebe; wie viel süßer ist deine Liebe als Wein.«

Etwas schwülstig die Sprache vielleicht, aber meine Neuner verstehen es schon. Wir lesen weiter, wie die Geliebte auf ihren Bräutigam wartet: »Horch, mein Geliebter klopft: Ich habe mein Kleid schon abgelegt – wie soll ich es wieder anziehen? Mein Geliebter streckt die Hand durch die Luke; da bebt mein Herz ihm entgegen.« Ich finde, diese Bildsprache hat etwas Ästhetisches. Und es ist schön, dass der Liebe in der Bibel so viel Platz eingeräumt wird.

Im Neuen Testament legt der Apostel Paulus noch einen Aspekt von Liebe dazu. Er beschreibt, was die Liebe – neben der körperlichen Sehnsucht – noch ausmacht: »Die Liebe ist langmütig, die Liebe ist gütig. Sie prahlt nicht, sie bläht sich nicht auf. Sie sucht nicht ihren Vorteil, trägt das Böse nicht nach. Sie hält allem stand.«

Die Tatsache, dass beide Texte in der Bibel stehen, sagt mir: Zur wahren Liebe gehört sowohl die körperliche Lust als auch eine innere Haltung. Die Bibel will uns alle Facetten zeigen, die zur Liebe gehören. Und das ist eben mehr als nur »voll Porno«.

Biblischer Text: 1 Kor 12,31b – 13,2.4–5.7–8a

Einleitung:

Um das Jahr 50 n. Chr. gründet Paulus eine christliche Gemeinde in Korinth und zieht weiter. Schon knappe 5 Jahre später gibt es Ärger in Korinth: Die Gemeinde ist gespalten, es gibt Streitigkeiten und sexuelle Verfehlungen. In einem Brief versucht Paulus, die Korinther wieder auf den Geist Christi einzuschwören. Er schreibt:

Ich zeige euch jetzt noch einen anderen Weg, einen, der alles übersteigt:
Wenn ich in den Sprachen der Menschen und Engel redete, hätte aber die Liebe nicht, wäre ich dröhnendes Erz oder eine lärmende Pauke. Und wenn ich (...) alle Geheimnisse wüsste und alle Erkenntnis hätte; wenn ich alle Glaubenskraft besäße und Berge damit versetzen könnte, hätte aber die Liebe nicht, wäre ich nichts. (...)
Die Liebe ist langmütig, die Liebe ist gütig. Sie ereifert sich nicht, sie prahlt nicht, sie bläht sich nicht auf. Sie handelt nicht ungehörig, sucht nicht ihren Vorteil, lässt sich nicht zum Zorn reizen, trägt das Böse nicht nach. Sie erträgt alles, glaubt alles, hofft alles, hält allem stand. Die Liebe hört niemals auf.

Aktivierung

- Vorbereitung: Herzen werden beschriftet oder beklebt mit Aussagen »Liebe ist ...« (s. Anlage). Dabei dürfen die Aussagen gerne doppelt oder dreifach vorkommen.
  Unter der vorgefertigten Aussage ist noch eine Freizeile für eigene Einträge.
- TN suchen sich ein Herz mit einer Aussage aus, die sie am meisten anspricht.
- Evtl. fügen sie in die Freizeile noch eine Aussage ein, die ihnen wichtig ist.
- evtl. Austausch
- TN dürfen das Herz einstecken und vielleicht später weiterschenken.
- evtl. Anstoßen mit einem Glas Wein auf die Liebe

Gebet/Segen

Guter Gott,
Liebe ist ...
(Wiederholung der »Liebesaussagen« auf den Herzen, evtl. reihum durch die TN selbst)
Wir danken dir für die Liebe.
Wenn mir menschliche Liebe vollkommen erscheint,
dann kann ich etwas von deiner Liebe erahnen. Amen.

Lied

- KR 388: Wenn ich alle Sprachen dieser Welt sprechen könnte
- RU 138: The Rose
- KR 281/TR 2/EH 73/RU 139: Liebe ist nicht nur ein Wort

9. Bei Anruf: Gott

Samuel und die Stimme Gottes

Material:	▶ Handy, Megaphon (oder »Flüstertüte« aus Pappe), eine Lautsprecherbox, ein Radio, 2 mit einer Schnur verbundene Joghurtbecher, ein Stück Draht, … ▶ Papier zum Schreiben, Stifte ▶ Liedblatt
Vorbereitung:	▶ Gegenstände in der Mitte oder an einem geeigneten Ort ausbreiten
Stichwort:	Berufung, Hören, Vertrauen, Samuel, Sinne
Bibelstelle:	1 Sam 3,2–9a, Gottes Ruf an Samuel

Impulstext

Peinlich, peinlich: Die US-Politikerin Ileana Ros-Lehtinen ist gerade als Abgeordnete wiedergewählt worden, da klingelt das Telefon. Ein Mann will ihr gratulieren und stellt sich als Barack Obama vor. Der Präsident ruft einfach so an? Muss ein Scherz sein, denkt sich Frau Ros-Lehtinen und legt auf. Kurz darauf noch ein Anruf. Wieder aufgelegt.

Sie ahnen es schon, oder? Der Anrufer war wirklich Barack Obama. Am Abend hat er es dann mit Hilfe eines Freundes geschafft. Der musste bei Frau Ros-Lehtinen anrufen und ihr den Präsidenten ankündigen. Später in einem TV-Interview sagt sie: »Peinlich, ich habe dem mächtigsten Mann der Welt den Hörer aufgelegt, und das gleich zwei Mal!«

Das Alte Testament steckt voll solcher Geschichten von »aufgelegten Hörern«: Der Prophet Samuel zum Beispiel: Gott muss ihn drei Mal aus dem Schlaf reißen. Und jedes Mal denkt der junge Samuel, es sei der Priester Eli, der ihn ruft. Schließlich weist Eli Samuel darauf hin, dass es vielleicht Gott ist, der ihn sprechen will.

Das Problem mit Gottes Stimme ist wahrscheinlich, dass sie selten so richtig eindeutig wahrnehmbar ist. Oft rechnen wir gar nicht damit. Vielleicht steckt Gottes Stimme in einem Tipp eines Freundes oder in einer Situation, die mich anrührt und aufwühlt. Vielleicht sogar mal in einem guten Buch oder einem Zeitungsartikel, der mich aufhorchen lässt.

Und dann ist da noch der Samuel-Effekt oder auch der Ros-Lehtinen-Effekt: der kleine Zweifler in mir, der nicht daran glaubt, dass Gott gerade bei mir anruft.
Der Dominikanermönch Yves Congar hat dieses Problem wohl auch gekannt. Er hat nämlich einmal gesagt: »Gott ruft jeden, aber mit anderer Stimme.« Ich glaube, die große Kunst besteht darin, Gottes Stimme unter den vielen anderen herauszufiltern. Und dann natürlich: ihr zu trauen.

Biblischer Text: 1 Sam 3,2–9a

Einleitung:

Der junge Samuel hat Dienst im Tempel unter der Aufsicht des älteren Priesters Eli. Samuel schläft schon und auch Eli kann seine Augen nicht mehr offen halten. Da passiert Merkwürdiges im Tempel:

Eines Tages geschah es: Eli schlief auf seinem Platz; seine Augen waren schwach geworden, und er konnte nicht mehr sehen. Die Lampe Gottes war noch nicht erloschen, und Samuel schlief im Tempel des Herrn, wo die Lade Gottes stand.
Da rief der Herr den Samuel, und Samuel antwortete: Hier bin ich. Dann lief er zu Eli und sagte: Hier bin ich, du hast mich gerufen. Eli erwiderte: Ich habe dich nicht gerufen. Geh wieder schlafen! Da ging er und legte sich wieder schlafen.
Der Herr rief noch einmal: Samuel! Samuel stand auf und ging zu Eli und sagte: Hier bin ich, du hast mich gerufen. Eli erwiderte: Ich habe dich nicht gerufen, mein Sohn. Geh wieder schlafen! Samuel kannte den Herrn noch nicht, und das Wort des Herrn war ihm noch nicht offenbart worden.
Da rief der Herr den Samuel wieder, zum dritten Mal. Er stand auf und ging zu Eli und sagte: Hier bin ich, du hast mich gerufen. Da merkte Eli, dass der Herr den Knaben gerufen hatte. Eli sagte zu Samuel: Geh, leg dich schlafen! Wenn er dich (wieder) ruft, dann antworte: Rede, Herr; denn dein Diener hört. Samuel ging und legte sich an seinem Platz nieder.
Da kam der Herr, trat (zu ihm) heran und rief wie die vorigen Male: Samuel, Samuel! Und Samuel antwortete: Rede, denn dein Diener hört.

Aktivierung

- In der Mitte liegen folgende Gegenstände: Handy, Megaphon (oder »Flüstertüte« aus Pappe), eine Lautsprecherbox, ein Radio, 2 mit einer Schnur verbundene Joghurtbecher, ein Stück Draht, …
- Jede/r TN sucht sich einen Gegenstand aus und schreibt dazu einen Anfangssatz einer Geschichte auf ein Blatt.
- Dann wird das Blatt im Uhrzeigersinn weitergegeben. Die/der Nachbar/in schreibt an der Geschichte weiter. Das Ganze wiederholt sich ca. 5-mal.
- Die/der Letzte gibt der Geschichte noch eine Überschrift.
- Jetzt können die Geschichten im Plenum vorgelesen werden. Alternativ: Geschichten wie bei einer Ausstellung aufhängen und von den TN still lesen lassen.

Gebet/Segen

Guter Gott,
öffne meine Augen
für die Bedürfnisse in mir
für den Glanz der Welt
für die Not in meiner Straße
öffne meinen Mund
für ein klares Nein
für ein gutes Wort
für einen gerechten Protest
öffne meine Ohren
für meine innere Stimme
für die vielen stummen Schreie
für den Anruf durch dich! Amen.

Lied

– »Here I am Lord«
  Music and Lyrics Copyright:

10. Tag des Schlafes

Jakob und die Himmelsleiter

Material:	▶ Streichhölzer ▶ Liedblatt oder Liederbuch Rise up
Vorbereitung:	▶ Streichhölzer zum Verteilen vorbereiten (für jeden eine Schachtel oder eine Schüssel voll zum Herumreichen).
Stichwort:	Schlaf, Traum, Vertrauen, Mut, Zukunft, Zusage, Jakob
Bibelstelle:	Gen 28,11–13.15 Jakob und die Himmelsleiter

Impulstext

Ausgerechnet am Tag vor der kürzesten Nacht des Jahres, also am 21. Juni, wird deutschlandweit der »Tag des Schlafes« begangen. Die Veranstalter wollen wohl darauf hinweisen, dass unser Schlaf durch viele Dinge gestört werden kann: Licht, Lärm, Krankheiten.

Ein Schlaferlebnis ganz besonderer Art hat Jakob, einer unserer biblischen Urväter. Er ist auf der Flucht vor seinem Bruder Esau, den er gerade übel betrogen hat. Die Nacht überrascht ihn mitten im fremden Land. Mangels Kopfkissen legt Jakob seinen Kopf auf einen Stein. Nicht gerade sehr bequem. Das würden die Leute, die den »Tag des Schlafes« erfunden haben, wahrscheinlich gar nicht gut finden.

Das Wesentliche folgt aber jetzt: Jakob hat einen Traum. Er träumt von einer Himmelsleiter. Eine Leiter, die Himmel und Erde verbindet. Auf der Leiter steigen Engel rauf und runter. Und am oberen Ende steht Gott höchstpersönlich und sagt: »Jakob, dieses Land auf dem du liegst, will ich dir und deinen Nachkommen geben. Ich bin immer bei dir und behüte dich, wohin du auch gehst.«

Jakob schreckt hoch. Er kann es kaum glauben, dass Gott gerade zu ihm gesprochen hat. Hier in der Fremde, mitten in der Nacht. Und das, obwohl er gerade seinen Bruder betrogen hat.

Bei Jakob ist im Schlaf etwas Entscheidendes passiert. Und so ist es manchmal auch bei mir: Im Schlaf habe ich die besten Ideen. Der Schlaf heilt mich. Er gibt mir neue Kraft. Und wenn ich eine Nacht über etwas schlafe, sehe ich es am nächsten Tag klarer und oft entspannter.

In Jakobs Traum steckt aber noch eine Botschaft an uns Menschen: Egal wie unwohl ich mich gerade fühle. Egal, welchen Mist ich gerade gebaut habe. Es gibt so etwas wie eine Himmelsleiter. Eine Verbindung zwischen Himmel und Erde. Und das Versprechen Gottes: »Ich bin bei dir und behüte dich, wohin du auch gehst.«

Biblischer Text: Gen 28,11–13.15

Einleitung:

Wie gesagt, Jakob ist gerade auf der Flucht und hat noch ein schlechtes Gewissen.

Er kam an einen bestimmten Ort, wo er übernachtete, denn die Sonne war untergegangen. Er nahm einen von den Steinen dieses Ortes, legte ihn unter seinen Kopf und schlief dort ein. Da hatte er einen Traum: Er sah eine Treppe, die auf der Erde stand und bis zum Himmel reichte. Auf ihr stiegen Engel Gottes auf und nieder.
Und siehe, der Herr stand oben und sprach: Ich bin der Herr, der Gott deines Vaters Abraham und der Gott Isaaks. Das Land, auf dem du liegst, will ich dir und deinen Nachkommen geben. Ich bin mit dir, ich behüte dich, wohin du auch gehst, und bringe dich zurück in dieses Land. Denn ich verlasse dich nicht, bis ich vollbringe, was ich dir versprochen habe.
Jakob erwachte aus seinem Schlaf und sagte: Wirklich, der Herr ist an diesem Ort, und ich wusste es nicht.

Aktivierung

- Die TN legen aus Streichhölzern kleine Himmelsleitern.
- Jede Sprosse symbolisiert eine Situation im Leben, wo sie gerne auf Gottes Hilfe vertrauen, wo sie Hilfe benötigen und wünschen.
- evtl. stellen sich die TN ihre »Leitersprossen« vor.

Gebet/Segen

Guter Gott,
behüte mich im Arbeiten und im Spielen
behüte mich im Sprechen und im Singen
behüte mich im Leiden und Genießen
behüte mich im Trauern und im Lachen
behüte mich im Streiten und Versöhnen
behüte mich im Schlafen und im Wachen
behüte mein Leben und meinen Tod.
Es behüte und segne uns der gute Gott,
der + Vater und der Sohn und der Heilige Geist. Amen.

– oder: Psalm 91

Lied

– RU 050: Sei behütet Tag und Nacht

11. Freundinnen müsste man sein …

Rut und Noomi

Material:	▶ Pappe oder Holz für Fußspuren ▶ Teelichte ▶ meditative Musik mit entsprechendem Abspielgerät ▶ Liedblatt oder Liederbuch Rise up
Vorbereitung:	▶ Fußspuren ausschneiden (pro TN eine)
Stichwort:	Freundschaft, Beziehung, Partnerschaft, Rut, Frauen
Bibelstelle:	Rut 1,7b-8a.9b-10.12a.13b-17 – Rut und Noomi

Impulstext

Frauenfreundschaften müssen etwas ganz Besonderes sein. Zumindest stellen wir Männer uns das manchmal so vor. Der Liedermacher Funny van Dannen zum Beispiel hat ein Lied darüber gemacht. Mit viel Humor und etwas Neid singt er »Freundinnen müsste man sein«.

Auch die Bibel berichtet von einer Frauenfreundschaft, im Buch Rut. Rut ist die Schwiegertochter von Noomi. Noomi hat schon einiges mitmachen müssen in ihrem Leben: Erst wandert sie aus wegen einer Hungersnot, aus ihrer Heimat Israel ins Land Moab. Dort sterben ihr Mann und ihre Söhne. Jetzt ist sie allein in der Fremde. Nur noch die beiden Schwiegertöchter Rut und Orpa sind bei ihr. Noomi will wieder zurück nach Israel. Für die beiden Schwiegertöchter eine Gewissensfrage: Bleiben wir lieber in Moab, wo unsere Eltern, Freunde und Verwandten sind? Oder begleiten wir unsere Schwiegermutter Noomi? Vielleicht braucht sie uns ja …

Orpa bleibt in Moab. Orpa heißt übersetzt »Rücken«. Wahrscheinlich, weil sie Noomi den Rücken zugekehrt hat.

Rut heißt übersetzt »Freundschaft«. Denn sie gibt ihre Heimat auf und schließt sich Noomi an. Sie sagt: »Wohin du gehst, dahin gehe auch ich. Wo du stirbst, da sterbe auch ich. Nur der Tod wird mich von dir scheiden.« Wenn das kein Musterbeispiel für echte Freundschaft ist.

Zwei Frauen, zwei unterschiedliche Entscheidungen. Vielleicht kann ich eines von Orpa und Rut lernen: Freundschaft lässt sich nicht erzwingen. Und umso wertvoller ist es, wenn ich jemanden habe, der mit mir durch dick und dünn geht.

Biblischer Text: Rut 1,7b-8a.9b-10.12a.13b-17

Einleitung:

Noomi verlässt mit ihren beiden Schwiegertöchtern das Land Moab, den Ort, wo alle drei ihre Männer verloren haben. Noomi hält hier nun nichts mehr, sie will zurück in ihre Heimat Juda. Für die beiden Schwiegertöchter wäre das allerdings Neuland.

Als sie nun auf dem Heimweg in das Land Juda waren, sagte Noomi zu ihren Schwiegertöchtern: Kehrt doch beide heim zu euren Müttern! Damit küsste sie beide zum Abschied; doch Orpa und Rut begannen laut zu weinen und sagten zu ihr: Nein, wir wollen mit dir zu deinem Volk gehen.
Kehrt um, meine Töchter, und geht; denn ich bin zu alt, noch einem Mann zu gehören. Mir täte es bitter Leid um euch; denn mich hat die Hand des Herrn getroffen.
Da weinten sie noch lauter. Doch dann gab Orpa ihrer Schwiegermutter den Abschiedskuss, während Rut nicht von ihr ließ. Noomi sagte: Du siehst, deine Schwägerin kehrt heim zu ihrem Volk und zu ihrem Gott. Folge ihr doch!
Rut antwortete: Dränge mich nicht, dich zu verlassen und umzukehren. Wohin du gehst, dahin gehe auch ich, und wo du bleibst, da bleibe auch ich. Dein Volk ist mein Volk, und dein Gott ist mein Gott. Wo du stirbst, da sterbe auch ich, da will ich begraben sein. Der Herr soll mir dies und das antun – nur der Tod wird mich von dir scheiden.

Aktivierung

- TN erhalten jeweils einen kleinen Fußabdruck (entweder aus Holz aus dem Bastelladen oder aus Pappe selbst ausschneiden).
- TN sollen in einer meditativen Übung (evtl. mit Musik) überlegen, wer ihre Wegbegleiter/Freunde sind. Dabei können unterschiedliche Bereiche mit einbezogen werden: Kollegen, Familie, Freunde aus Schule, Verein, Nachbarschaft. TN überlegen: Wer ist mir davon sehr wichtig? Wer weniger?
- Der/m wichtigsten Wegbegleiter/in wird nun eine Fußspur gewidmet, indem reihum aus den Fußspuren ein Weg gelegt wird.
- TN entzünden Teelicht für diese Person und stellen es auf den Fußabdruck.

Gebet/Segen:

Guter Gott,
Freundinnen und Freunde sind ein wunderbares Geschenk.
Sie können mich stärken und mir die Meinung sagen,
sie können mich begleiten und mich korrigieren,
sie können sich einmischen und raushalten,
sie können geben und auch nehmen,
sie können reden und schweigen.
Lass mich den Wert meiner Freundschaften erkennen
und segne alle meine Lieben,
im Namen des + Vaters und des Sohnes und des Heiligen Geistes. Amen.

Lied

- RU 130: I will follow him

12. Ein Wunsch frei!

König Salomo und das hörende Herz

Material:	▶ Psalmfragmente aus Ps 25 (siehe Kopiervorlage) ▶ Körbchen zum Verteilen der Textblätter ▶ Liedblatt oder Liederbuch
Vorbereitung:	▶ Psalmfragmente ausdrucken und zum Verteilen vorbereiten
Stichwort:	Wünsche, Weisheit, Hören, Politik, Entscheidung, Salomo, Sinne
Bibelstelle:	1 Kön 3, 9–13 – Salomos Bitte um Weisheit

Impulstext

Märchen mit Feen gibt es ja reichlich. Und meistens hat die Fee drei freie Wünsche im Gepäck. Manchmal hätte ich auch gern so eine Fee. Und Ideen für Wünsche hätte ich bestimmt genug.

Die Bibel ist alles andere als ein Märchenbuch. Aber im Alten Testament gibt es eine Geschichte, die auch mit einem freien Wunsch beginnt: Im Schlaf erscheint Gott dem noch jungen König Salomo und sagt: »Wünsch dir was, und ich werde es dir erfüllen!«

Anstatt gleich drauflloszuwünschen, wie *ich* es sicherlich gemacht hätte, geht König Salomo erst mal kurz in sich. Und dann der Wunsch. Etwas sonderbar und so ganz anders als die Wünsche, die mir auf die Schnelle so eingefallen wären. Salomo sagt: »Gib mir ein hörendes Herz. Damit ich dein Volk gut regieren kann und damit ich das Gute vom Bösen unterscheiden kann.«

Ich finde es ganz schön nobel von König Salomo, dass er sich Weisheit wünscht und nicht die Taschen voller Geld. Und das findet Gott wohl auch. Er antwortet Salomo nämlich: »Weil du gerade diese Bitte ausgesprochen hast und nicht um langes Leben oder Reichtum gebeten hast, werde ich deine Bitte erfüllen.«

Wenn ich mir die heutigen »Könige« aus Politik und Wirtschaft so anschaue, dann habe ich manchmal das Gefühl, dass deren Herzen nur schlagen und nicht hören. Wahrscheinlich macht gerade das den Unterschied aus. Von König Salomo heißt es ja, er sei sehr weise gewesen. Und noch heute sprechen wir von einem »salomonischen Urteil«, wenn etwas besonders gut gelöst wird.

Sollte mir in Zukunft eine Fee begegnen, dann weiß ich jetzt, was ich antworten werde. Und solange keine Fee kommt, kann ich es ja mal selbst versuchen, auf ein »hörendes Herz« zu achten.

Biblischer Text: 1 Kön 3, 9–13

Einleitung:

Wie gesagt: 3 Wünsche frei hat der junge Salomo. Schon erstaunlich, wie bescheiden er damit umgeht. Er antwortet dem Herrn nämlich:

Verleih (...) deinem Knecht ein hörendes Herz, damit er dein Volk zu
regieren und das Gute vom Bösen zu unterscheiden versteht. Wer
könnte sonst dieses mächtige Volk regieren?
Es gefiel dem Herrn, dass Salomo diese Bitte aussprach. Daher antwortete ihm Gott: Weil du gerade diese Bitte ausgesprochen hast und nicht um langes Leben, Reichtum oder um den Tod deiner Feinde, sondern um Einsicht gebeten hast, um auf das Recht zu hören,
werde ich deine Bitte erfüllen. Sieh, ich gebe dir ein so weises und verständiges Herz, dass keiner vor dir war und keiner nach dir kommen wird, der dir gleicht. Aber auch das, was du nicht erbeten hast, will ich dir geben: Reichtum und Ehre, so dass zu deinen Lebzeiten keiner unter den Königen dir gleicht.

Aktivierung

- TN ziehen verdeckt Psalmfragmente aus Ps 25 (s. Anlage) aus einem Körbchen und lesen sie in Ruhe durch.
- Jede/r, die/der will, liest ein Psalmfragment vor (Reihenfolge egal)
- Danach wird Ps 25 im Wechsel gebetet.

Gebet/Segen

Guter Gott,
Schenk mir Einsicht, schenk mir Kraft
Gib mir Weisheit, gib mir Mut

Verleihe mir ein hörendes Herz und
segne all mein Tun
im Namen des + Vaters und des Sohnes und des heiligen Geistes. Amen.

Lied

- RU 044: Gib uns Weisheit

Engel,
Glück
und spontane
Umarmungen

… über das sogenannte »Reich Gottes«

13. »Glück« in der Schule

Ein Blick durch die Himmelstür

Material:	▶ Liedblatt oder Liederbuch
Vorbereitung:	▶ /
Stichwort:	Hören, Glück, Gemeinschaft, Paradies, Nachfolge, Sinne
Bibelstelle:	Mk 10,20–23.25–27.29–31 – Von der Nachfolge/Der reiche Jüngling

Impulstext:

In einer Heidelberger Schule wird jetzt das Fach »Glück« unterrichtet. Eine Premiere in Deutschland. Und so geht's zu in einer »Glücksklasse«:
Die Schüler sitzen mit geschlossenen Augen entspannt im Kreis. Einer beginnt damit durchzuzählen: »Eins.« Dann soll es kreuz und quer gehen, aber immer einer nach dem anderen. »Zwei« kommt es von rechts. Dann »Drei« von irgendwo. Es geht darum, intuitiv die Lücke zu finden. Jedem seinen Raum lassen, aber auch sich selbst Raum nehmen.
Es klappt nicht gleich. Manche brüllen ihre Zahl sofort raus, andere sagen erst mal gar nichts. Beim fünften Anlauf klappt's dann. Applaus brandet auf. Jetzt ist es greifbar, das Glück in der Klasse.
Dem Schulleiter ist es wichtig, dass Schule wieder beliebter wird. Und dass sie mehr vermittelt als nur Wissen. Um das neue Schulfach zu entwerfen, hat er sich einen Professor und den Ex-Hockey-Bundestrainer Bernhard Peters zur Seite geholt. Und in den Glücksklassen unterrichten nicht nur Lehrer, sondern auch Theaterschauspieler, Familientherapeuten und Motivationstrainer.
Jeder versteht natürlich etwas anderes unter »Glück«. Fragt man die 17-jährige Janina aus der »Glücksklasse«, dann antwortet sie: »Ich fühle mich glücklich, wenn ich körperlich fit bin oder wenn ich Geborgenheit spüre.« Ein anderer sagt: »Gemeinschaft mit Gleichgesinnten bedeutet für mich Glück.« Glück lässt sich sicher nicht erzwingen. Aber die Schüler der »Glücksklasse« können sensibel werden dafür.
Für mich als Christ sind Glückserfahrungen immer auch ein Hinweis auf das bevorstehende Paradies. Ich stelle mir dann vor, Gott lässt mich in diesen Momenten quasi durch die Himmelstür spicken. Also genießen wir sie, die Glücks-

momente. Ob mit oder ohne Schulnote. Und freuen uns auf mehr. Irgendwann einmal.

Biblischer Text: Mk 10, 20–23.25–27.29–31

Einleitung:

Jesus kommt nach Judäa. Ein Mann fragt ihn dort, was er machen muss, um das ewige Leben zu gewinnen. Jesus empfiehlt ihm, nach den 10 Geboten zu leben. Da sagt der Mann:

(...) Meister, alle diese Gebote habe ich von Jugend an befolgt.
Da sah ihn Jesus an, und weil er ihn liebte, sagte er: Eines fehlt dir noch: Geh, verkaufe, was du hast, gib das Geld den Armen, und du wirst einen bleibenden Schatz im Himmel haben; dann komm und folge mir nach! Der Mann aber war betrübt, als er das hörte, und ging traurig weg; denn er hatte ein großes Vermögen.
Da sah Jesus seine Jünger an und sagte zu ihnen: Wie schwer ist es für Menschen, die viel besitzen, in das Reich Gottes zu kommen! Eher geht ein Kamel durch ein Nadelöhr, als dass ein Reicher in das Reich Gottes gelangt.
Sie aber erschraken noch mehr und sagten zueinander: Wer kann dann noch gerettet werden? Jesus sah sie an und sagte: Für Menschen ist das unmöglich, aber nicht für Gott; denn für Gott ist alles möglich. (...) Amen, ich sage euch: Jeder, der um meinetwillen (...) Haus oder Brüder, Schwestern, Mutter, Vater, Kinder oder Äcker verlassen hat, wird das Hundertfache dafür empfangen: Jetzt in dieser Zeit wird er Häuser, Brüder, Schwestern, Mütter, Kinder und Äcker erhalten, wenn auch unter Verfolgungen, und in der kommenden Welt das ewige Leben. Viele aber, die jetzt die Ersten sind, werden dann die Letzten sein, und die Letzten werden die Ersten sein.

Aktivierung

- TN schließen die Augen und versuchen ohne bestimmte Reihenfolge durchzuzählen, wie es im Impulstext oben beschrieben ist.
- Wenn es geklappt hat, kann versucht werden, das Tempo zu steigern.

Gebet/Segen

Guter Gott,
das kleine Glück, das mich besucht,
die kurze Freude, die zuweilen aufflackert,
das schnelle Vergnügen, das mal vorbeischaut,
der flüchtige Genuss, der mich betört,
die zeitweilige Erregung, die mich übermannt,
die vorrübergehende Heiterkeit, die mich kitzelt,
ist das alles ein Teil von dir?
Ein Teil vom Reich Gottes?
Ach, schön wär's für die Ewigkeit. Amen.

Lied

- KR 293/GL 059/RU 230/TR 91/UW 30/EH 146: Manchmal feiern wir mitten im Tag

14. Linda im Wasser

Ungewöhnliche Engel

Material:	▶ Kleine Holzengel (oder anderes Material) zum Aufhängen ▶ Vase mit Zweigen ▶ Liedblatt oder Liederbuch
Vorbereitung:	▶ Holzengel besorgen bzw. Engel basteln ▶ Zweige besorgen, Vase bereiten
Stichwort:	Engel, Hilfe, Alkohol, Umkehr, Vertrauen
Bibelstelle:	Tob 5,4–9a.17b

Impulstext

Linda war nicht immer so wie heute. Ganz im Gegenteil: Sie war mal eine attraktive junge Frau. Ist sogar um die deutschen Meisterschaften im Freistil mitgeschwommen. Danach elegante Bordbegleiterin auf einem Rheinkreuzer.
Jetzt hat Linda großporige Haut und ein rötliches Gesicht. Meistens riecht sie nach Alkohol. Immer schon wollte sie wegkommen von dem Zeug, aber es hat nie funktioniert. Die Gründe? Langeweile, schlechte Laune oder Freunde, die immer nachgeschenkt haben.
Vor Kurzem dann ein Tag, der ihr Leben verändert: Sie spaziert gerade am Seeufer entlang, da hört sie Hilferufe. Eindeutig Kinderschreie, die aus dem Wasser kommen. Linda erinnert sich, wie gut sie schwimmen kann. Obwohl sie getrunken hat, stürzt sie sich ins kalte Wasser. Mit letzter Kraft schafft sie es mit dem Kind ans Ufer, dann wird ihr schwarz vor Augen.
Als Linda wieder aufwacht, schaut sie in das freundliche Gesicht eines Arztes. »Glück gehabt«, sagt er. »Dem Kind geht's gut, aber Sie hätte es beinahe erwischt.« Er rät ihr dringend, ab sofort auf jeglichen Alkohol zu verzichten. »Sonst können sie sich in Zukunft solche Rettungsaktionen nicht mehr leisten«, sagt er. Dieser Satz klingt Linda noch lange in den Ohren. Sie beschließt, ab sofort mit dem Trinken aufzuhören, macht sogar einen Entzug mit. Und bis jetzt hat es geklappt.
Menschen erzählen immer wieder solche erstaunlichen Geschichten aus dem Leben, wo ein einschneidendes Erlebnis oder eine Person das ganze Leben ver-

ändert. Diese Personen sind meistens keine besonders schlauen oder wichtigen Leute, sondern oft Menschen, die selbst auf Hilfe angewiesen sind.
Früher wurden diese Menschen gerne mit Flügeln dargestellt und Engel genannt. Ich finde, Linda hat auch einen Engel getroffen. Aber nicht etwa mit Flügeln und weißem Gewand, sondern als schreiendes Kind im Wasser.

Biblischer Text: Tob 5,4–9a.17b

Einleitung:

Tobit ist ein frommer Israelit. Auf der Flucht verliert er nicht nur seinen gesamten Besitz, sondern auch noch sein Augenlicht. Sein Sohn Tobias soll nun nach Rages in Medien reisen, um Geld bei Gabaël zu holen. Allerdings braucht er einen erfahrenen Reisegefährten. Gott schickt ihm seinen Engel Rafael zu Hilfe. Doch weder Tobias noch Tobit ahnen, dass es ein Engel ist …

Tobias ging auf die Suche nach einem Begleiter und traf dabei Rafael; Rafael war ein Engel, aber Tobias wusste es nicht. Er fragte ihn: Könnte ich mit dir nach Rages in Medien reisen? Bist du mit der Gegend dort vertraut? Der Engel antwortete: Ich will mit dir reisen; ich kenne den Weg und war schon bei unserem Bruder Gabaël zu Gast. Tobias bat ihn: Wart auf mich, ich will es meinem Vater (Tobit) sagen. Der Engel antwortete ihm: Geh, aber halte dich nicht auf!
Tobias ging nach Hause und sagte zu seinem Vater: Ich habe einen Mann gefunden, der mit mir reisen will. (…) Darauf sagte Tobit zu Tobias: (…) Mach dich mit dem Mann auf den Weg! Gott, der im Himmel wohnt, wird euch auf eurer Reise behüten; sein Engel möge euch begleiten. Da brachen die beiden auf, und der Hund des jungen Tobias lief mit.

Aktivierung

- TN bekommen kleine Holzengel (mit Aufhänger) in die Hand.
- Bei meditativer Musik überlegen sie, wo es in ihrem Leben »Engel ohne Flügel« gibt. Also Menschen, die ihnen schon einmal aus der Patsche geholfen haben, ihnen die Augen für etwas geöffnet haben, sie an Fehlern gehindert haben, eine wichtige Entscheidung positiv beeinflusst haben.

- TN stehen nacheinander auf und hängen ihren Engel an Zweige, die in einer Vase neben dem Kreuz stehen.
- Jeder TN wird mit dem Liedruf begleitet: »Geh mit uns auf unserm Weg« (KR 130)

Gebet/Segen

Das Gebet »Engel des Herrn« (Angelus) hat sich schrittweise entwickelt. Im 13. Jh. wurde von den Franziskanern der Brauch übernommen, beim abendlichen Läuten zum Nachtgebet Maria in einem Gebet zu grüßen. Noch heute wird vielerorts um 12.00 Uhr mittags zu diesem Gebet geläutet. Das Gebet beinhaltet u. a. den Verkündigungs-Dialog zwischen Engel Gabriel und Maria. Das Hauptthema ist die Menschwerdung Jesu.

Der Engel des Herrn brachte Maria die Botschaft,
und sie empfing vom Heiligen Geist.
Maria sprach: Siehe, ich bin die Magd des Herrn;
mir geschehe nach deinem Wort.
Und das Wort ist Fleisch geworden und hat unter uns gewohnt.
Bitte für uns, heilige Maria,
dass wir würdig werden der Verheißungen Christi.
Lasset uns beten.
Allmächtiger Gott, gieße deine Gnade in unsere Herzen ein.
Durch die Botschaft des Engels haben wir die Menschwerdung Christi,
deines Sohnes, erkannt.
Führe uns durch sein Leiden und Kreuz
zur Herrlichkeit der Auferstehung.
Darum bitten wir durch Christus, unsern Herrn. Amen.

Lied

- RU 103/TR 558: Es müssen nicht Männer mit Flügeln sein

15. Free Hugs

Spontane Glücksgefühle

Material:	▶ Zettel, Stifte ▶ Kleine Box/Körbchen zum Sammeln der Zettel ▶ Hintergrundmusik (Abspielgerät) ▶ Liedblatt oder Liederbuch
Vorbereitung:	▶ Zettel und Stifte bereitlegen
Stichwort:	Liebe, Leben, Gegenwart, Dankbarkeit, Glück
Bibelstelle:	Koh 3,1–5.12–13

Impulstext

Berlin Alexanderplatz. Sou läuft gerade an der Weltzeituhr vorbei, da tritt ein junger Mann auf sie zu. Er hält ein Schild in der Hand mit der Aufschrift »Free Hugs«, also »kostenlose Umarmungen«. »Warum eigentlich nicht«, denkt Sou. Und nach kurzem Zögern liegt sie einem wildfremden Menschen in den Armen. Der stammt aus Australien – genau wie die gesamte Free-Hugs-Bewegung. Ausgelöst wurde die Umarmungswelle im September 2006 von einem Video auf der Webseite Youtube. Darin marschiert ein Mann mit einem »Free Hugs«-Pappschild durch eine Einkaufsstraße und bietet unverbindlich den Passanten seine Umarmung an. Einige scheuen zurück, doch viele nehmen dankbar an. Das Video ist um die ganze Welt gegangen und findet Nachahmer in vielen Städten. Der Erfinder der Free Hugs ist Juan Mann. Ich frage mich: Wie kommt man bloß auf so eine abgefahrene Idee? Juan sagt: »Ich habe mich einsam gefühlt auf dem Flughafen in Sidney. All die anderen Menschen wurden von Freunden oder Verwandten abgeholt und umarmt, nur auf *mich* hat kein Mensch gewartet. Kurzerhand habe ich mir ein Free-Hugs-Schild gemalt. Eine Viertelstunde wurde ich zwar nur von Menschen angestarrt, dann kam eine ältere Dame auf mich zu und wir umarmten uns. Sie war die Erste. Und auch sie konnte die Umarmung gut gebrauchen, denn es war der Jahrestag des Unfalltodes ihrer Tochter.« Seitdem will Juan Mann mit dem Free-Hugging dazu beitragen, »zwischenmenschliche Kontakte zu fördern und mehr Liebe in die Welt zu bringen«, wie er sagt. Ein hoher Anspruch, finde ich. Was bringt ein »zwischenmenschlicher

Kontakt«, der gerade mal 3 Sekunden dauert? Und kann ich tatsächlich »Liebe in die Welt bringen« mit einer Umarmung hinter der nichts steckt?
Aber anscheinend erzeugt selbst eine beziehungslose Umarmung Glücksgefühle bei den Passanten. Das kann auch Sou vom Berliner Alex bestätigen: »Am Anfang war mir die kostenlose Umarmung doch suspekt. Aber die Free-Hugger haben ihre Umarmung einfach nett und unaufdringlich angeboten. Und das Beste dabei: Alle frisch umarmten Leute sind mit einem Lächeln im Gesicht weitergegangen.« Kleiner Aufwand, große Wirkung. Wie so oft im Leben. Ich muss mich nur trauen!

Biblischer Text: Koh 3,1–5.12–13

Einleitung:

Kohelet ist ein Weisheitslehrer aus dem 3. Jht. v. Chr. In seinem Buch entwirft er eine Lehre vom Menschen. Diese ist sowohl vom orientalischen als auch vom griechischen Denken beeinflusst. Kohelets »Rezept« gegen die Allmacht Gottes heißt: Da der Mensch das Hier und Jetzt weder berechnen noch beeinflussen kann, soll er jeden Augenblick genießen. Er soll das annehmen, was ihm jeweils gegeben ist. Kohelet schreibt:

Alles hat seine Stunde. Für jedes Geschehen unter dem Himmel gibt es eine bestimmte Zeit: eine Zeit zum Gebären und eine Zeit zum Sterben, eine Zeit zum Pflanzen und eine Zeit zum Abernten der Pflanzen, eine Zeit zum Töten und eine Zeit zum Heilen, eine Zeit zum Niederreißen und eine Zeit zum Bauen, eine Zeit zum Weinen und eine Zeit zum Lachen, eine Zeit für die Klage und eine Zeit für den Tanz; eine Zeit zum Steinewerfen und eine Zeit zum Steinesammeln, eine Zeit zum Umarmen und eine Zeit, die Umarmung zu lösen.
Ich hatte erkannt: Es gibt kein in allem Tun gründendes Glück, es sei denn, ein jeder freut sich, und so verschafft er sich Glück, während er noch lebt, wobei zugleich immer, wenn ein Mensch isst und trinkt und durch seinen ganzen Besitz das Glück kennen lernt, das ein Geschenk Gottes ist.

Aktivierung

- Schöne Hintergrundmusik einlegen.
- TN schreiben anonym (mehrere) Zettel mit Komplimenten für andere TN (möglichst alle) auf, falten sie, schreiben den Namen des Adressaten drauf und legen sie in einen Korb oder eine Zettelbox (»Komplimente-Briefkasten«).
- Die Adressaten dürfen nun ihre »Komplimente-Post« aus dem Korb nehmen und lesen.

Gebet/Segen

Guter Gott,
schenke mir Augen und Ohren
für den Sonnenstrahl, der durch die Bäume blinzelt,
für ein Kompliment zwischen Tür und Angel,
für die Umarmung eines Freundes.
Aber gib mir auch die Gelassenheit,
mit der Sonne auch den Regen zu ertragen,
mit der Freude das Leid
und mit dem Leben den Tod.
Darum bitten wir durch Christus unseren Bruder und Herrn. Amen.

Lied

- KR 384: Wenn nicht jetzt, wann dann
- KR 386: Kindermutmachelied

16. Das Versteinerungs-Spiel

Erlösung

Material:	▶ Liedblatt oder Liederbuch
Vorbereitung:	▶ Raum sollte groß genug für das Bewegungsspiel sein
Stichwort:	Erlösung, Heil, Zukunft, Sünde, Beichte, Advent
Bibelstelle:	Lk 21,25–28

Impulstext

Vergessene Wörter – das sind Wörter, die in unserer Sprache immer seltener vorkommen. Es gibt sogar eine »rote Liste« der am meisten bedrohten Wörter. Dazu zählen zum Beispiel »blümerant« oder »Lichtspielhaus«.
Die religiöse Sprache ist voll von solchen vergessenen Wörtern. Das merke ich vor allem dann, wenn mich meine Religionsklasse mal wieder nur fragend anschaut. Neulich ging es darum, dass Jesus Christus unser »Erlöser« ist. »Erlöser« ... In den Augen der Schüler nichts als Fragezeichen.
Zum Glück habe ich mich an ein Spiel meiner sechsjährigen Nichte Clara erinnert. Bei meinem letzten Besuch wollte sie unbedingt mit ihren Freundinnen und mir »Versteinerung« spielen. Ein Fang-Spiel aus dem Turnunterricht: Wenn der Fänger mich abschlägt, muss ich sofort wie versteinert stehen bleiben. Die Versteinerten können aber »erlöst« werden: Wenn ihnen jemand durch die Beine kriecht, dürfen sie wieder mitspielen.
Wie immer nach einem wilden Spiel mit Clara, war ich ganz schön außer Puste. Aber es hat sich gelohnt, denn jetzt kann ich meiner Klasse besser erklären, was es mit dem »Erlöser« auf sich hat:
Wenn ich mich über etwas ärgere und genau weiß, dass ich es nicht ändern kann, dann habe ich auch das Gefühl, erlöst werden zu müssen. Erlöst von unehrlichem politischem Palaver. Oder erlöst von der Macht der Wirtschaftsbosse. Und gerne wäre ich auch erlöst von Krankheit und Tod auf dieser Welt. Aber diese Erlösung kann ich mir nicht selbst verschaffen. Genau wie in Claras Versteinerungs-Spiel.
Wir Christen warten im Advent darauf, dass uns jemand aus unseren Versteinerungen erlöst. Wir warten auf den »Erlöser« Jesus Christus. Es gibt zwar keinen

festen Termin, aber wir glauben, dass er alles zu einem guten Ende bringen wird – irgendwann einmal.

Biblischer Text: Lk 21,25–28

Einleitung:

Jesus ist auf dem Höhepunkt seiner Lehrtätigkeit. In Jerusalem wurde er freundlich empfangen. Jeden Tag predigt er im Tempel und er hat großen Zulauf. Seine Gegner formieren sich langsam und Jesus predigt im Angesicht seines nahenden Todes über das Ende aller Tage. Er sagt:

Es werden Zeichen sichtbar werden an Sonne, Mond und Sternen, und auf der Erde werden die Völker bestürzt und ratlos sein über das Toben und Donnern des Meeres. Die Menschen werden vor Angst vergehen in der Erwartung der Dinge, die über die Erde kommen; denn die Kräfte des Himmels werden erschüttert werden.
Dann wird man den Menschensohn mit großer Macht und Herrlichkeit auf einer Wolke kommen sehen. Wenn (all) das beginnt, dann richtet euch auf, und erhebt eure Häupter; denn eure Erlösung ist nahe.

Aktivierung

- Die TN spielen das »Versteinerungs-Spiel«, das im Impulstext beschrieben wird.
- Für Unsportliche kann das Spiel etwas »entschärft« werden: Es darf nicht gerannt werden, nur gegangen. Statt der Versteinerung einfach den Kopf hängen lassen. Die Erlösung erfolgt dadurch, dass der hängende Kopf mit beiden Händen wieder aufgerichtet wird.

Gebet/Segen

Das »Benedictus« ist ein Lobgesang aus dem Lukasevangelium. Zacharias, der Vater des Johannes des Täufers stimmt es an, als er wie durch ein Wunder wieder sprechen kann. Es steht in Lk 1, 68–79. Es wird noch heute im Stundengebet der Kirche am Morgen, v. a. in den Klöstern gebetet. Diese ökumenische Fassung kann auch im Wechsel gebetet werden.

Gepriesen sei der Herr, der Gott Israels!
Denn in seiner Gnade ist er gekommen, um sein Volk zu erlösen.
    Er hat uns einen mächtigen Retter gesandt
    aus dem Haus seines Knechtes David.
So hat er durch seine heiligen Propheten verheißen
schon seit uralten Zeiten:
    Er werde uns vor unseren Feinden retten
    und vor allen, die uns mit ihrem Hass verfolgen;
er werde sich unserer Väter erbarmen
und sich an seinen heiligen Bund erinnern,
    an den Eid, den er unserem Vater Abraham geschworen hat:
    er werde uns aus der Gewalt unserer Feinde befreien,
damit wir ihm furchtlos dienen
und heilig und gerecht vor ihm leben all unsre Tage.
    Du aber, Kind, wirst ein Prophet des Höchsten sein,
    denn du wirst dem Herrn vorangehen und ihm den Weg bereiten.
Du wirst seinem Volk die Einsicht schenken,
dass es gerettet wird durch die Vergebung der Sünden;
    denn unser Gott ist reich an Erbarmen,
    darum kommt zu uns das strahlende Licht aus der Höhe.
Es wird allen leuchten, die in Finsternis sitzen und im Dunkel des Todes;
es wird unsere Schritte auf den Weg des Friedens lenken. Amen.

Lied

- KR 209: Do not be afraid/Ich hab dich erlöst

17. Kinderbilder

Wie sieht der Himmel aus?

Material:
- Papier, verschiedene Buntstifte/Wachsmalstifte etc. zum Malen
- Pinwand mit Pins oder Klebestreifen/Kreppband zum Befestigen der Bilder an einer Wand
- Liedblatt oder Liederbuch

Vorbereitung:
- Papier und Stifte bereitlegen, Ausstellungswand aufstellen/für freie, beklebbare Wandfläche sorgen

Stichwort: Tod, Zukunft, Paradies, Hoffnung, Auferstehung

Bibelstelle: Phil 3,11–13.20–21

Impulstext

Was erwartet mich wohl, wenn ich tot bin? In der Heidelberger Jesuitenkirche habe ich nachgeschaut. Dort stand im letzten Herbst nämlich ein großer Kasten mit Röhren. Und die Enden der Röhren haben ein Stück rausgeguckt. Beim Blick durch die Röhren in den Kasten habe ich Bilder und Beschreibungen von Kindern gesehen, wie sie sich das Tot-Sein vorstellen.
Der seltsame Kasten mit Röhren war Teil einer Ausstellung: Die Veranstalter wollten, dass das Thema Tod wieder mehr im Alltag der Menschen vorkommt. Wohl mit Erfolg. Denn über 20.000 Besucher kamen.
Die Kinder, die den Röhrenkasten gestaltet haben, haben alle in letzter Zeit einen lieben Menschen verloren. Mit den Bildern und Texten versuchen sie, ihre Trauer zu verarbeiten. Ich war erstaunt über die vielfältigen Vorstellungen der kleinen Künstler. Da ist wirklich alles dabei: absolute Leere zum Beispiel. Oder tiefe Trauer über den erlittenen Verlust. Und auch hoffnungsvolle Bilder vom Paradies. Das Schöne dabei: Die Kinder drücken sich oft klarer und verständlicher aus als die meisten Erwachsenen.
Der 12-jährige Moritz schreibt zu seinem Bild: »Ich glaube an einen Mund voll Erde. Da ist nichts mehr als unendliche Leere und Weite.« Charlotte ist fünf und schreibt: »Wenn man gestorben ist, kann man nicht mehr essen und trinken. Und nicht mehr die Mama küssen.«
Am besten gefällt mir, was die 10-jährige Maren zu ihrem Bild geschrieben hat.

Sie bringt die große christliche Hoffnung auf ein ewiges und besseres Leben nach dem Tod auf den Punkt. Und das in zwei Sätzen. Maren schreibt: »Ich stelle mir vor, dass alles im Himmel weitergeht – nur anders. Und wer im Leben die Blumen nicht gegossen hat, der gießt sie jetzt.«

Biblischer Text: Phil 3,11–13.20–21

Einleitung:

Bei seiner zweiten Reise gründet Paulus um das Jahr 50 n. Chr. in Philippi (Ostmazedonien) die erste christliche Gemeinde auf europäischem Boden. Aus der Gefangenschaft in Ephesus schreibt er dieser Gemeinde einen Brief, in der wir sehr persönliche Einblicke in den Glauben und das Denken von Paulus erhalten. Unter anderem formuliert er seine Vorstellung vom »Himmel«. Paulus schreibt:

So hoffe ich, auch zur Auferstehung von den Toten zu gelangen. Nicht dass ich es schon erreicht hätte oder dass ich schon vollendet wäre. Aber ich strebe danach, es zu ergreifen, weil auch ich von Christus Jesus ergriffen worden bin. Brüder und Schwestern, ich bilde mir nicht ein, dass ich es schon ergriffen hätte. Eines aber tue ich: Ich vergesse, was hinter mir liegt, und strecke mich nach dem aus, was vor mir ist.
Unsere Heimat (…) ist im Himmel. Von dorther erwarten wir auch Jesus Christus, den Herrn, als Retter, der unseren armseligen Leib verwandeln wird in die Gestalt seines verherrlichten Leibes, in der Kraft, mit der er sich alles unterwerfen kann.

Aktivierung

- Bei meditativer Musik malen TN ihre Vorstellung vom »Himmel« bzw. vom Leben nach dem Tod auf ein Blatt, gerne auch nur ausschnittsweise. Es sollten verschiedene Arten von Malstiften zur Verfügung stehen.
- Danach werden die Bilder als Ausstellung angepinnt und können betrachtet werden. Evtl. Austausch über die Bilder.

Gebet/Segen:

Psalm 27 (in Auszügen) wird im Wechsel gebetet:

Der Herr ist mein Licht und mein Heil:
Vor wem sollte ich mich fürchten?
    Der Herr ist die Kraft meines Lebens:
    Vor wem sollte mir bangen?
Mag ein Heer mich belagern:
Mein Herz wird nicht verzagen.
    Mag Krieg gegen mich toben:
    Ich bleibe dennoch voll Zuversicht.
Nur eines erbitte ich vom Herrn (...):
Im Haus des Herrn zu wohnen alle Tage meines Lebens,
    die Freundlichkeit des Herrn zu schauen
    und nachzusinnen in seinem Tempel.
Denn er birgt mich in seinem Haus am Tag' des Unheils;
er beschirmt mich im Schutz seines Zeltes (...).
    Wenn mich auch Vater und Mutter verlassen,
    der Herr nimmt mich auf.
Zeige mir, Herr, deinen Weg,
leite mich auf ebener Bahn, trotz meiner Feinde!
    Ich aber bin gewiss,
    zu schauen die Güte des Herrn im Land der Lebenden.
Ehre sei dem Vater und dem Sohn
und dem Heiligen Geist,
    wie im Anfang so auch jetzt und alle Zeit
    und in Ewigkeit. Amen.

Lied

- KR 11/TR 94/EH 138/RU 247: Alle Knospen springen auf

18. Südseeinsel und Alpenwiese

Das Paradies ist anderswo

Material:	▶ Bildersammlung (aus Fotosprache, Postkartensammlung, Ausschnitte aus Zeitungen/Zeitschriften ...) mit »Paradiesbildern« ▶ Liedblatt oder Liederbuch
Vorbereitung:	▶ Paradiesbilder besorgen
Stichwort:	Paradies, Wünsche, Traum, Tod
Bibelstelle:	Mt 13,44–46

Impulstext

Wie sieht das Paradies aus? Für Mitteleuropäer vielleicht am ehesten wie eine Südseeinsel mit türkisfarbenem Wasser. Mit weißem Strand und Palmen. Menschen in Indien träumen dagegen eher von einer blühenden Alpenwiese.
»Das Paradies ist anderswo.« Das war der Titel einer Ausstellung in der ifa-Galerie Stuttgart. Da konnte man sehen, dass die Vorstellungen vom Paradies sehr vielfältig sind. Hängt ganz von der jeweiligen Kultur ab. Da war zum Beispiel eine Bodeninstallation aus Zuckertürmen und Süßigkeiten zu sehen. Südseeinsel und Alpenwiese durften natürlich auch nicht fehlen.
Geschichtsforscher gehen davon aus, dass der Kälteeinbruch der letzten Eiszeit die Paradiesvorstellungen beflügelt hat. Die Menschen mussten nämlich beginnen, Vorräte anzulegen und sich vor Kälte zu schützen. Man sehnte sich nach einer Zeit, in der die Menschen noch unbeschwert in den Tag hinein leben konnten. Unbekleidet und mit Nahrung im Überfluss. So entstand wohl das Bild des Paradiesgartens.
Glaubt man dem Alten Testament, so müsste dieser umgrenzte Garten irgendwo im Gebiet zwischen den Flüssen Euphrat, Tigris, Nil und Ganges liegen. Aber diese Vorstellungen sind nicht wörtlich zu verstehen. Und darum ist der Titel der Stuttgarter Ausstellung wohl ernst zu nehmen: »Das Paradies ist anderswo.«
Das Paradies, wie wir Christen es verstehen, ist auf dieser Erde eigentlich nur ansatzweise zu finden. Und zwar überall dort, wo Leben gelingt. Wo wir Liebe oder Gemeinschaft erfahren. Das Paradies, das uns nach unserem Tod erwartet,

soll ein Ort sein voller Freude und Glück. Ein Ort, wo wir und unsere Verstorbenen mit allen anderen und Gott versöhnt sind.
Und so einen Ort umschreiben wir Menschen nun mal mit unseren Mitteln. Entweder als einen Garten – oder eben als die berühmte Südseeinsel oder eine blühende Alpenwiese.

Biblischer Text: Mt 13,44–46

Einleitung:

Jesus spricht immer wieder in Gleichnissen vom Himmelreich. Unter anderem vergleicht er das Himmelreich mit einem Schatz und einer Perle. Jesus sagt:

Mit dem Himmelreich ist es wie mit einem Schatz, der in einem Acker vergraben war. Ein Mann entdeckte ihn, grub ihn aber wieder ein. Und in seiner Freude verkaufte er alles, was er besaß, und kaufte den Acker.
Auch ist es mit dem Himmelreich wie mit einem Kaufmann, der schöne Perlen suchte. Als er eine besonders wertvolle Perle fand, verkaufte er alles, was er besaß, und kaufte sie.

Aktivierung

- Verschiedene Paradiesvorstellungen liegen als Postkarten oder Zeitungsausschnitte in der Mitte.
- TN dürfen sich ein Bild aussuchen, das ihren Vorstellungen vom Paradies am ehesten entspricht. Wo fühle ich mich wohl? Was macht mich richtig glücklich?
- TN tauschen sich anhand ihres Bildes über ihre Vorstellungen aus.

Gebet/Segen

Guter Gott,
Südseeinsel, Alpenwiese,
Großstadtdschungel, Landidylle –

ich will meistens das, was ich nicht habe.
Paradies ist aber dort, wo ich alles in Fülle habe.
Halte die Sehnsucht nach dem Paradies in mir wach.
Hilf mir, meine Heimat ein bisschen besser zu machen,
dass sich auch hier Himmel und Erde berühren können. Amen.

Lied

- KR 414/UW 109/EH 162/RU 002: Da berühren sich Himmel und Erde
- RU 035/TR 786/EH 159/KR 382: Weißt du wo der Himmel ist

Rebellen, Gesundheitsapostel und andere Weltverbesserer

... über unsere Heiligen

19. Nicht auf Sand gebaut!

Rosi Gollmann

Material:	▶ Meditation »Treibsand« (siehe Kopiervorlage) ▶ Meditationsmusik ▶ Liedblatt oder Liederbuch
Vorbereitung:	▶ Meditative Musik aussuchen, Abspielgerät bereitstellen
Stichwort:	Nächstenliebe, Hilfe, Mut, Glaube, Stärke
Bibelstelle:	Mt 7,24–27

Impulstext

Rosi Gollmann ist Lehrerin. An einem Morgen bringt ihr eine Schülerin einen Artikel aus dem »Stern« mit. Es geht um ein indisches Waisenhaus in Andheri bei Bombay. Die Not der Findelkinder wird sehr genau beschrieben. Rosi Gollmann ist erschüttert. So erschüttert, dass sie zusammen mit ihrer Klasse eine Paketaktion startet.

Diese erste Hilfsaktion fand 1959 statt. 2 Jahre später reist Rosi dann erstmals nach Andheri. Als sie die Not vor Ort sieht, ändert das ihr Leben total: Sie gibt ihren Beruf auf und schart Gleichgesinnte um sich. Sie sammelt Geld und sichert erst mal für die 800 Kinder des Waisenhauses die tägliche Handvoll Reis. Heute ist eine Stiftung daraus geworden, die fast 500 Projekte fördert.

Nach dem großen Tsunami im Jahr 2004 war Rosi Gollmann eine der ersten Helferinnen vor Ort. Sie organisierte mit den Überlebenden den Bau einfacher Steinhäuser anstelle der wackeligen Strohhütten. Rosi ist überzeugt: Nur wenn die Betroffenen in die Hilfsmaßnahmen eingebunden sind, bringt das auch längerfristig was. In Indien wird sie gerne »die deutsche Mutter Theresa« genannt. Inzwischen ist sie fast 80 Jahre alt und Trägerin des Bundesverdienstkreuzes.

Kürzlich habe ich sie in einer Talkshow gesehen. Sie wurde gefragt: »Man kann doch auch Gutes tun, ohne an Gott zu glauben. Wozu brauchen Sie denn ihren Glauben?« Rosi Gollmann hat mit einem Satz von Archimedes geantwortet: »Gib mir einen festen Standort und ich verändere die Welt.« Das kenne ich vom Baukran. Der fährt immer zuerst seine Stützen aus, bevor es mit der Arbeit losgeht. Und so muss wohl auch Rosi auf festem Boden stehen, um helfen zu können.

Für Rosi Gollmann ist der feste Untergrund ihr Glaube an Gott. Und der hat sie dazu befähigt, die Welt zu verändern. Wenigstens ein kleines bisschen.

Biblischer Text: Mt 7, 24–27

Einleitung:

Die Bergpredigt Jesu ist vor allem durch die Seligpreisungen zu Beginn bekannt geworden. Am Ende der Bergpredigt bringt Jesus einen anschaulichen Vergleich. Jesus sagt:

Wer diese meine Worte hört und danach handelt, ist wie ein kluger Mann, der sein Haus auf Fels baute. Als nun ein Wolkenbruch kam und die Wassermassen heranfluteten, als die Stürme tobten und an dem Haus rüttelten, da stürzte es nicht ein; denn es war auf Fels gebaut.
Wer aber meine Worte hört und nicht danach handelt, ist wie ein unvernünftiger Mann, der sein Haus auf Sand baute. Als nun ein Wolkenbruch kam und die Wassermassen heranfluteten, als die Stürme tobten und an dem Haus rüttelten, da stürzte es ein und wurde völlig zerstört.

Aktivierung

- Meditation Treibsand/Fels mit Meditationsmusik (s. Anlage)

Gebet/Segen

Guter Gott,
segne meine Familie, meine Herkunft, meine Heimat.
Segne meine Geschichte, meine Freunde, meine Begegnungen.
Segne meine Unsicherheiten, meine Hoffnungen, meine Leidenschaften.
Segne meine Zweifel meine Überzeugungen und meinen Glauben.
Im Namen des + Vater und des Sohnes und des Heiligen Geistes. Amen.

Lied

GL 296/EG 369: Wer nur den lieben Gott lässt walten

20. Randgruppen vor!

The Zimmers

Material:	▶ Teelichte/Kerzen
	▶ Liedblatt oder Liederbuch
Vorbereitung:	▶ /
Stichwort:	Nächstenliebe, Alter, Diskriminierung, Außenseiter
Bibelstelle:	Lk 5, 27–32

Impulstext

»The Zimmers« – das ist eine gecastete Band aus England. Ihre erste Single stieg Anfang Juni 2007 auf Platz 26 der britischen Charts ein. So weit nichts Ungewöhnliches. Aber jetzt wird's kurios: Das Durchschnittsalter der »Zimmers« beträgt 79 Jahre. Der Band-Senior Buster Martin ist sogar schon hundert. Und Leadsänger Alf Carretta hat kaum noch Zähne im Mund.

Die Geschichte von der Rentnerband, die die Charts stürmt, fängt damit an, dass eine Bingo-Halle in London geschlossen werden soll. Die Rentnergruppe um Alf Carretta leistet Widerstand. Doch wer hört schon auf eine Gruppe Senioren.

Irgendwie bekommt der Dokumentarfilmer Tim Samuels von der BBC Wind von der Sache. Er sagt: »Wenn man eine Gesellschaft danach bewerten kann, wie sie mit ihren alten Menschen umgeht, dann haben wir ein Problem. Ich will ihnen dabei helfen, sich zu wehren.«

Tim Samuels bringt die Bingo-Kämpfer mit anderen schlecht versorgten oder vereinsamten Alten zusammen. Er will einen Dokumentarfilm drehen über die Probleme der Alten in der Gesellschaft. Neben dem Dreh hat er die Idee zu einem Protestsong. Er geht mit der Rentnertruppe in ein Tonstudio. Dort entsteht eine Cover-Version – ausgerechnet vom »The Who« – Hit »My Generation«.

Das Video zum Song hat inzwischen Kultstatus erreicht. Es wurde über dreieinhalb Millionen Mal bei YouTube aufgerufen. Ich finde das Video wirklich gut gemacht. Es spart nicht mit Gesellschaftskritik: Immer wieder halten Senioren Protestplakate in die Kamera. Und man sieht endlich mal ungeschminkte Menschen, wie sie wirklich sind. Viele Falten, wenig Zähne und dicke Brillen. Dafür

jede Menge Senioren-Power und ehrlichen Spaß an Bewegung und Musik. Die Einnahmen aus dem Song kommen übrigens einem Alten-Hilfswerk zugute.
Ob bewusst oder unbewusst: Tim Samuels hat hier im ursprünglichen Sinn christlich gehandelt. Er hat das Anliegen Jesu in unsere Zeit gebracht. Er hat einer gesellschaftlichen Randgruppe Gehör verschafft und ihr neues Leben eingehaucht.

Biblischer Text: Lk 5, 27–32

Einleitung:

Jesus beginnt seine Tätigkeit als Prediger und Heiler in Galiläa. Dort sind es Randgruppen der damaligen Gesellschaft, die als Erste von seinem Heilswirken profitieren: Kranke und Zöllner.

Als Jesus (...) wegging, sah er einen Zöllner namens Levi am Zoll sitzen und sagte zu ihm: Folge mir nach! Da stand Levi auf, verließ alles und folgte ihm. Und er gab für Jesus in seinem Haus ein großes Festmahl. Viele Zöllner und andere Gäste waren mit ihnen bei Tisch.
Da sagten die Pharisäer und ihre Schriftgelehrten voll Unwillen zu seinen Jüngern: Wie könnt ihr zusammen mit Zöllnern und Sündern essen und trinken? Jesus antwortete ihnen: Nicht die Gesunden brauchen den Arzt, sondern die Kranken. Ich bin gekommen, um die Sünder zur Umkehr zu rufen, nicht die Gerechten.

Aktivierung

- Wie beim Spiel »Ich packe meinen Koffer«, benennt jede/r TN eine benachteiligte Gruppe unserer Zeit (oder unserer Stadt), indem er/sie sagt: Ich denke an ... Der/die nächste TN wiederholt die bisher genannten Gruppen und fügt am Schluss eine neue hinzu.
- Für jede neu genannte Randgruppe erhält man ein unangezündetes Teelicht.
- Spielerisches Element: Wer einen früher genannten Begriff auslässt, scheidet aus und rückt ein Stück zurück.

- TN formulieren freie Fürbitten für die Randgruppen und entzünden dabei ihr Teelicht (an der Osterkerze)
- Zwischen den Fürbitten: Liedruf Kyrie Eleison aus Taizé (UW 153)

Segen

Guter Gott, stärke uns
gegen das Vergessen, gegen Hass, gegen Vorurteile.
Guter Gott, stärke uns
im Überwinden, Annehmen, Aufnehmen.
Guter Gott, sende uns deinen Segen,
um deine Botschaft aufzunehmen, anzunehmen und zu leben.
Im Namen des + Vaters und des Sohnes und des Heiligen Geistes. Amen.

Lied

- RU 233/UW 100: Sind wir nicht alle Kinder des einen Vaters

21. Überzeugungstäter!

Hl. Laurentius

Material:	▶ (Krepp-)Papier in den Farben Rot, Orange und Gelb, evtl. in Flammenform ausgeschnitten ▶ Stifte ▶ Kerze ▶ Liedblatt oder Liederbuch
Vorbereitung:	▶ Stifte und Papier bereitlegen (evtl. Flammen ausschneiden).
Stichwort:	Laurentius, Sommer, Wünsche, Überzeugung, Begeisterung, Geist
Bibelstelle:	Lk 24, 36b–39;45–48

Impulstext

Die Chance, Anfang August eine Sternschnuppe zu sehen, ist besonders groß. Denn jedes Jahr um diese Zeit kreuzen sich die Bahnen der Erde und der »Perseiden«. Das ist ein »Meteorstrom aus Auflösungsmaterial des Kometen Swift-Tuttle«. Wem das zu kompliziert klingt: Im Volksmund heißen diese Sternschnuppen einfach »Laurentiustränen«. Die »Laurentiustränen« sollen vom Hl. Laurentius stammen. Er wurde am 10. August im Jahr 258 von den Römern zu Tode gefoltert.

Der Legende nach wurde der damalige Papst Sixtus von den Römern festgenommen. Vor seiner Enthauptung beauftragt er Laurentius, den Kirchenschatz an die Armen von Rom zu verteilen. Kaiser Valerian bekommt Wind von der Sache und lässt ihn unter Folter nach dem Versteck des Schatzes fragen. Laurentius sagt: »Lasst mir drei Tage Zeit, dann will ich euch den Schatz der Christen herbeischaffen.« Die Frist läuft ab und Laurentius präsentiert den Römern eine Schar zerlumpter und ausgehungerter Bettler. »Dies ist der Schatz der Kirche.«

Kaiser Valerian fühlt sich verschaukelt und lässt Laurentius auf einem glühenden Eisenrost langsam zu Tode martern. Aber selbst unter diesen Qualen bewahrt Laurentius seinen Humor und soll zum Foltermeister gesagt haben: »Jetzt kannst du meinen Leib wenden, auf dieser Seite ist er gut gebraten.«

Das mag nun lustig klingen, aber mich machen solche Berichte nachdenklich: Und dann wünsche ich mir, ab und zu auch etwas überzeugender für meine Meinung eintreten zu können. Vielleicht ist das ein guter Wunsch für eine laue Augustnacht, wenn ich eine der Laurentiustränen am Sternenhimmel sehe.

Biblischer Text: Lk 24,36b–39;45–48

Einleitung:

Zwei der Jünger treffen Jesus nach dessen Tod auf ihrem Weg nach Emmaus. Als sie wieder in Jerusalem sind, erzählen sie den anderen Jüngern begeistert davon. Noch während sie davon erzählen, tritt der auferstandene Jesus in ihre Mitte. Er sagt:

Friede sei mit euch!
Sie erschraken und hatten große Angst, denn sie meinten, einen Geist zu sehen. Da sagte er zu ihnen: Was seid ihr so bestürzt? Warum lasst ihr in eurem Herzen solche Zweifel aufkommen? Seht meine Hände und meine Füße an: Ich bin es selbst. Fasst mich doch an, und begreift: Kein Geist hat Fleisch und Knochen, wie ihr es bei mir seht.
Darauf öffnete er ihnen die Augen für das Verständnis der Schrift. Er sagte zu ihnen: So steht es in der Schrift: Der Messias wird leiden und am dritten Tag von den Toten auferstehen, und in seinem Namen wird man allen Völkern, angefangen in Jerusalem, verkünden, sie sollen umkehren, damit ihre Sünden vergeben werden. Ihr seid Zeugen dafür.

Aktivierung

- TN reißen aus orangem, gelbem und rotem Papier Flammen (evtl. vorgezeichnet) und schreiben darauf, für was sie »Feuer und Flamme« sind, für was sie brennen (Leidenschaften, Hobbies, Überzeugungen)
- Die Flammen werden zusammen gelegt zu einem Feuer und evtl. vorgelesen.
- Auf die Flammen wird eine Kerze gestellt und entzündet.

Gebet/Segen

Guter Gott,
ich danke dir für mein inneres Feuer.
Du hast es entzündet, ich muss es nähren.
Hilf mir, es weiterzugeben,
andere mit meinem und letztlich deinem Geist anzustecken. Amen.

Lied

- KR 105/TR 8/EH 140/RU 014: Einer hat uns angesteckt
- KR 112/RU 157: Eingeladen zum Fest des Glaubens

22. Himmelskönigin und Rebellin

Maria

Material:	▶ Gotteslob ▶ Liedblatt oder Liederbuch
Vorbereitung:	▶ /
Stichwort:	Maria, Politik, Maifeiertag, Arbeit, Protest, Magnifikat, Lobpreis
Bibelstelle:	Lk 1, 39–45

Impulstext

Der Mai ist *der* klassische Marienmonat. Maria, die Mutter von Jesus, wird in vielen Orten mit Prozessionen und Andachten verehrt. Dabei wird sie meist prächtig dargestellt, in Gold und Seide. Eine echte Himmelsprinzessin.
Wenn ich das Leben der Maria etwas genauer anschaue, dann hat das aber nicht viel mit Himmelsprinzessin zu tun: ein jüdisches Mädchen aus einem Bergdorf in Palästina. Wahrscheinlich schwielige Hände vom Wasserholen und Brotbacken. Vielleicht muss sie ihrem Mann Josef in der Schreinerei helfen. Auf jeden Fall aber wird über sie getuschelt, denn sie hat einen unehelichen Sohn namens Jesus.
Und der ist alles andere als ein Vorzeige-Söhnchen. Er hält aufrührerische Reden, umgibt sich mit üblem Volk und legt sich mit der High Society an. Es gibt sicherlich prickelndere Vorstellungen über die Karriere des eigenen Sohnes. Aber Maria hält zu ihm.
An einer Stelle in der Bibel wird deutlich, dass Maria sogar rebellische Züge hat. Eines Tages nämlich singt sie ihrer Verwandten Elisabeth einen echten Revoluzzer-Song vor:
»Meine Seele preist die Größe des Herrn.
Er stürzt die Mächtigen vom Thron und erhöht die Niedrigen.
Die Hungernden beschenkt er mit seinen Gaben und lässt die Reichen leer ausgehen.«
Wenn das nicht das Lied einer Rebellin ist.
Ich finde, das passt ganz gut zum 1. Mai, dem Maifeiertag. Er stammt ja aus der Arbeiterbewegung. Und auch heute noch wird demonstriert für die Grundrech-

te der Arbeiter und bessere Bedingungen. Das wäre bestimmt auch das Anliegen der Maria gewesen. Und das passt besser zu ihr als all die Bilder einer Frau in Gold und Seide, einer demütigen »Magd des Herrn«, die klein beigibt und sich still im Hintergrund hält.
Nein! Maria, das ist die Arbeiterin, die unangepasste Mutter und ein bisschen auch Rebellin.

Biblischer Text: Lk 1,39–45

Einleitung:

Maria hat vor einigen Tagen vom Engel Gabriel erfahren, dass sie Gottes Sohn gebären wird. Sie beschließt, sich mit ihrer ebenfalls schwangeren Kusine Elisabet zu besprechen.

Nach einigen Tagen machte sich Maria auf den Weg und eilte in eine Stadt im Bergland von Judäa. Sie ging in das Haus des Zacharias und begrüßte Elisabet. Als Elisabet den Gruß Marias hörte, hüpfte das Kind in ihrem Leib. Da wurde Elisabet vom Heiligen Geist erfüllt und rief mit lauter Stimme: Gesegnet bist du mehr als alle anderen Frauen, und gesegnet ist die Frucht deines Leibes. Wer bin ich, dass die Mutter meines Herrn zu mir kommt? In dem Augenblick, als ich deinen Gruß hörte, hüpfte das Kind vor Freude in meinem Leib. Selig ist die, die geglaubt hat, dass sich erfüllt, was der Herr ihr sagen ließ.

Aktivierung

- Die Antwort Marias auf Elisabets Gruß steht im ersten Kapitel des Lukasevangeliums in den Folgeversen 46–55. Diese Antwort gehört zu den Grundtexten des Christentums und heißt »Magnifikat«. Es wird täglich im Stundengebet am Abend gesungen oder gebetet.
- TN beten im Wechsel das Magnifikat (GL 689).

Lied

- KR 158/RU 117: Groß sein lässt meine Seele den Herrn
- KR 288/TR 362/UW 140/EH 97: Magnificat aus Taizé

Segen

Es segne uns der Herr, der Retter, der Mächtige.
Es segne uns der Barmherzige, der Machtvolle, der Gerechte.
Er beschenke uns mit seinen Gaben und seinem Erbarmen.
Im Namen des + Vaters und des Sohnes und des Heiligen Geistes. Amen.

23. Frische Luft rein!

Papa Roncalli (Papst Johannes XXIII.)

Material:	▶ Textblatt Römerbrief (siehe Kopiervorlage) ▶ Liedblatt oder Liederbuch
Vorbereitung:	▶ Textblatt ausdrucken und vervielfältigen
Stichwort:	Kirche, Geist, Tradition, Johannes XXIII., Veränderung, Gemeinschaft
Bibelstelle:	Röm 12,2–3.9–18

Impulstext

Papst Johannes XXIII. wurde einmal gefragt: »Wie viele Menschen arbeiten im Vatikan?« Er antwortete mit einem Schmunzeln: »Ich hoffe, die Hälfte!«
Heute hätte Johannes XXIII. seinen 126. Geburtstag gefeiert. Eigentlich hieß er Angelo Roncalli, Sohn einer Bauernfamilie und Papst zwischen 1958 und '63. Er übte sein Amt immer mit einem Augenzwinkern aus. Und vor allem nahm er sich selbst nicht so wichtig.
So sagt er nach seiner Wahl zum Papst: »Papst kann jeder werden. Der beste Beweis dafür bin ich selbst.« Und auf seine Heiligkeit angesprochen, antwortet er: »Man kann mit dem Hirtenstab in der Hand heilig werden. Aber ebenso mit einem Besen.« Folgerichtig schafft er den damals noch üblichen Fußkuss und die dreifache Verbeugung bei Privataudienzen ab.
»Papa Roncalli« wird er gerne von den Italienern genannt. Ab und zu spaziert er durch den Vatikan und plaudert mit Arbeitern und Gärtnern. Am Tag nach Weihnachten besucht er unangemeldet ein Gefängnis und sagt zu den Häftlingen: »Ihr konntet nicht zu mir kommen, also bin ich bei euch.« Dann bittet er ausdrücklich darum, die Zellen der Mörder zu öffnen: Er sagt: »Was soll denn das? Alle sind wir Kinder Gottes.«
Das Öffnen der Kirchentüren ist für den Papst Programm. Er beruft 1962 das Zweite Vatikanische Konzil ein, das wegweisend ist für die Modernisierung der Kirche. Darauf hingewiesen, dass die Tradition ein hohes Gut der Kirche sei, antwortet Johannes XXIII.: »Tradition heißt: das Feuer hüten, nicht: die Asche aufbewahren.«
Manchmal wünschte ich mir heute auch wieder etwas mehr frischen Wind in

der Kirche, der die Asche von der Glut bläst. Vielleicht könnte eine Geste von Papa Roncalli weiterhelfen. Nach dem Zweck des Konzils befragt, ging der nämlich zu einem Fenster, machte es weit auf und sagte: »Frische Luft in die Kirche lassen!«

Biblischer Text: Röm 12, 2–3.9–18

Einleitung:

Um Gemeinden geistig zu erneuern, ist es manchmal gut, einen Blick auf die Werte der ersten Urgemeinden zu werfen. Paulus formuliert in seinem Brief an die Römer, wie eine christliche Gemeinde leben soll. Er schreibt:

Gleicht euch nicht dieser Welt an, sondern wandelt euch und erneuert euer Denken, damit ihr prüfen und erkennen könnt, was der Wille Gottes ist: was ihm gefällt, was gut und vollkommen ist. Aufgrund der Gnade, die mir gegeben ist, sage ich einem jeden von euch: Strebt nicht über das hinaus, was euch zukommt, sondern strebt danach, besonnen zu sein, jeder nach dem Maß des Glaubens, das Gott ihm zugeteilt hat.

Eure Liebe sei ohne Heuchelei. Verabscheut das Böse, haltet fest am Guten! Seid einander in brüderlicher Liebe zugetan, übertrefft euch in gegenseitiger Achtung! Lasst nicht nach in eurem Eifer, lasst euch vom Geist entflammen und dient dem Herrn! Seid fröhlich in der Hoffnung, geduldig in der Bedrängnis, beharrlich im Gebet! Helft den Heiligen, wenn sie in Not sind; gewährt jederzeit Gastfreundschaft! Segnet eure Verfolger; segnet sie, verflucht sie nicht! Freut euch mit den Fröhlichen und weint mit den Weinenden! Seid untereinander eines Sinnes; strebt nicht hoch hinaus, sondern bleibt demütig! Haltet euch nicht selbst für weise! Vergeltet niemand Böses mit Bösem! Seid allen Menschen gegenüber auf Gutes bedacht! Soweit es euch möglich ist, haltet mit allen Menschen Frieden!

Aktivierung

- TN ziehen einzelne Sätze aus dem eben gehörten Text (siehe Kopiervorlage) und überdenken ihn in Stille.
- TN lesen die Sätze vor (Reihenfolge egal) und überlegen gemeinsam, ob oder wie die eigene Gemeinde/Gruppe danach lebt.

Gebet/Segen

Guter Gott,
hilf mir aus den Verstrickungen des Alltags.
Mach mir den Blick frei für das Wesentliche.
Schenke mir die Einsicht für Veränderungen.
Gib mir den Mut, Neues anzupacken.
Verleihe mir die Weisheit, Bewährtes zu bewahren.
Dazu segne uns der gute Gott,
der + Vater und der Sohn und der Heilige Geist. Amen.

Lied

- KR 187/EH 96: Herr, erwecke deine Kirche
- RU 129: I have a dream

24. Halsweh ade!

Hl. Blasius

Material:	▶ Zwei dünne, lange Kerzen ▶ Liedblatt oder Liederbuch
Vorbereitung:	▶ /
Stichwort:	Krankheit, Heilung, Segen, Gesundheit, Vertrauen
Bibelstelle:	Mt 15, 29–31

Impulstext

Alle, die Halsweh haben oder sich davor schützen wollen: Sie könnten es mal statt mit Pillen und Tropfen mit etwas anderem versuchen. In katholischen Kirchen wird jedes Jahr um den 3. Februar der Blasius-Segen erteilt. Der Spender des Segens hält dabei zwei gekreuzte Kerzen in der Hand und sagt: »Auf die Fürsprache des Heiligen Blasius bewahre dich der Herr vor Halskrankheit und allem Bösen.«

Der Brauch geht zurück auf den Heiligen Bischof Blasius. Er lebte um 300 n. Chr. in der heutigen Türkei. Der Legende nach soll er im Gefängnis einen Jungen geheilt haben, der eine Fischgräte verschluckt hatte. Deshalb wurde er zum Schutzpatron für Halskrankheiten aller Art.

An der Legende könnte sogar etwas Wahres sein, denn Blasius war von Beruf Arzt, bevor er zum Bischof gewählt wurde. Und im Gefängnis war er wohl auch, denn die Christenverfolger des römischen Kaisers Licinius hatten ihn wegen seines Glaubens gejagt und in einer Waldhöhle aufgespürt.

Als es Blasius an den Kragen gehen soll, erweist er sich aber als extrem resistent gegen die Quälereien der Soldaten. Mit eisernen Wollkämmen wird ihm die Haut zerfetzt, in einen See wird er geworfen, doch es hilft alles nichts. Dank seines standhaften Glaubens erträgt und überlebt er die Folter. Schließlich greifen die Soldaten zum Schwert und enthaupten ihn.

Sein Leben hat der Bischof viel zu früh eingebüßt. Nicht aber seine Anziehungskraft. Bis heute vertrauen viele Menschen auf den Blasius-Segen als Schutz vor Halskrankheiten.

Nun könnte man natürlich einwerfen: alles Hokuspokus, purer Aberglaube. Mag sein. Aber vielleicht will uns die Legende mit der Fischgräte daran erinnern, dass wir Menschen nicht alles in der Hand haben. Das Wichtigste im Leben wird uns oft geschenkt. Zum Beispiel die Gesundheit.

Biblischer Text: Mt 15,29–31

Jesus zog weiter und kam an den See von Galiläa. Er stieg auf einen Berg und setzte sich. Da kamen viele Menschen und brachten Lahme, Krüppel, Blinde, Stumme und viele andere Kranke zu ihm; sie legten sie vor ihn hin, und er heilte sie.
Als die Menschen sahen, dass Stumme plötzlich redeten, Krüppel gesund wurden, Lahme gehen und Blinde sehen konnten, waren sie erstaunt und priesen den Gott Israels.

Aktivierung/Segen

- TN erhalten den Blasius-Segen
- Der/Die Spender/in des Segens hält dabei zwei gekreuzte lange Kerzen in der Hand, hält sie an den Hals eines TN und sagt: »Auf die Fürsprache des Heiligen Blasius bewahre dich der Herr vor Halskrankheit und allem Bösen.«

Gebet

Psalm 41 wird im Wechsel gebetet.

Lied

- KR 260/UW 199/EH 61/EG 170: Komm, Herr, segne uns

Hakennasen, Taubenkot und laute Motorräder

... über unsere inneren Werte

25. Friedenstaube

Sehnsucht nach Frieden

Material:	▶ Wortkette »Frieden« (siehe Kopiervorlage) ▶ Liedblatt oder Liederbuch
Vorbereitung:	▶ Kopiervorlage Wortkette »Frieden« ausdrucken und vervielfältigen
Stichwort:	Frieden, Versöhnung, Hoffnung
Bibelstelle:	Jes 66,10–12

Impulstext

Vor Kurzem ist mir ein echt witziges Werbebanner ins Auge gestochen. Da stand an einer eingerüsteten Kirche in Riesenlettern: »Liebe Tauben, wenn ihr weiterhin euer Geschäft hier verrichtet, suchen wir uns ein anderes Friedenssymbol.«
Seit 1949 ist die Taube offizielles Friedens-Logo. Da hat nämlich Pablo Picasso das Plakat für den Pariser Weltfriedenskongress entworfen: eine Taube mit einem Zweig im Schnabel.
Vielleicht hat sich Picasso durch die Geschichte der »Arche Noah« aus dem Alten Testament inspirieren lassen. Dort erhält Noah den Auftrag von Gott, ein großes Schiff zu bauen. Damit sollen er und seine Familie der großen Sintflut entkommen. Mit an Bord sind allerlei Tiere, unter anderem auch zwei Tauben. Als der Wasserpegel wieder sinkt, schickt Noah eine Taube als Kundschafterin los. Sie kommt mit einem Olivenzweig im Schnabel wieder. Und Noah weiß: »Jetzt hat sie Land gefunden.« Deshalb gilt die Taube seit den Zeiten des Alten Testaments als Zeichen der Hoffnung.
Von der Taube als Zeichen der Hoffnung bis zum Friedenssymbol hat es dann noch eine gute Zeit gedauert. Dabei ist es eigentlich nur ein kleiner Schritt: Eine große, wenn nicht die größte Hoffnung der Menschen ist wohl der Weltfrieden. Zumindest wenn man den alljährlichen Umfrageergebnissen glauben darf. Die Hoffnung auf Frieden scheint uns Menschen geradezu eingepflanzt zu sein.
Auch wenn der große Weltfrieden noch nicht gleich morgen über uns hereinbricht. Eines macht mir trotzdem Mut: die tiefe Sehnsucht des Menschen nach Frieden. Sie ist vielleicht sogar beharrlicher als der ewige Taubenkot auf alten Kirchengemäuern.

Biblischer Text: Jes 66,10–12

Einleitung:

Die letzten Kapitel des Jesajabuches richten sich an Israel, das Volk Gottes, das aus der babylonischen Gefangenschaft heimgekehrt ist. Der Prophet lenkt den Blick des Volkes auf das Ende aller Tage, wo eine erneute »Heimkehr« bevorsteht: eine Heimkehr in den Schoß Gottes, genannt das »himmlische Jerusalem«. Ein Ort voller Frieden und Geborgenheit. Jesaja schreibt:

Freut euch mit Jerusalem! Jubelt in der Stadt, alle, die ihr sie liebt. Seid fröhlich mit ihr, alle, die ihr über sie traurig wart. Saugt euch satt an ihrer tröstenden Brust, trinkt und labt euch an ihrem mütterlichen Reichtum!
Denn so spricht der Herr: Seht her: Wie einen Strom leite ich den Frieden zu ihr und den Reichtum der Völker wie einen rauschenden Bach. Ihre Kinder wird man auf den Armen tragen und auf den Knien schaukeln. Wie eine Mutter ihren Sohn tröstet, so tröste ich euch; in Jerusalem findet ihr Trost.
Wenn ihr das seht, wird euer Herz sich freuen, und ihr werdet aufblühen wie frisches Gras. So offenbart sich die Hand des Herrn an seinen Knechten (…).

Aktivierung

- TN suchen Assoziationen zu Frieden mit verschiedenen Anfangsbuchstaben. Diese stammen von unterschiedlichen Übersetzungen des Wortes »Frieden« (s. Anlage)
- TN stellen sich ihre Assoziationen vor.

Gebet/Segen

Psalm 85 (in Auszügen) wird im Wechsel gebetet:

Erweise uns, Herr, deine Huld,
und gewähre uns dein Heil!
    Ich will hören, was Gott redet:
    Frieden verkündet der Herr seinem Volk.

Sein Heil ist denen nahe, die ihn fürchten.
Seine Herrlichkeit wohne in unserm Land.
Es begegnen einander Huld und Treue;
Gerechtigkeit und Friede küssen sich.
Treue sprosst aus der Erde hervor;
Gerechtigkeit blickt vom Himmel hernieder.
Auch spendet der Herr dann Segen,
und unser Land gibt seinen Ertrag.
Gerechtigkeit geht vor ihm her,
und Heil folgt der Spur seiner Schritte.
Ehre sei dem Vater und dem Sohn
Und dem Heiligen Geist.
Wie im Anfang so auch jetzt und alle Zeit
und in Ewigkeit. Amen.

Lied

- RU 184: Peace I give to you

26. Club der Hässlichen

Innere Schönheit

Material:	▶ Kopiervorlage »Profil der inneren Schönheit« ▶ Kopiervorlage »Lückentext Korintherbrief« ▶ Kleine Zettel und Stifte ▶ Liedblatt oder Liederbuch
Vorbereitung:	▶ Kopiervorlagen ausdrucken und vervielfältigen, Zettel und Stifte bereitlegen.
Stichwort:	Schönheit, Charakter, Gaben, Charismen, Sehen, Vielfalt, Sinne
Bibelstelle:	1 Kor 12,1.4–11

Impulstext

Das hässlichste Tier der Welt, so heißt es, sei der Nasenaffe. Und mal ganz ehrlich: Er sieht schon eigenartig aus mit seiner unförmig herabhängenden Schlabbernase und seinem dicken Bauch. Aber gerade dieses Tier hat ein Club in Deutschland zu seinem Wappentier ernannt: der Club der Hässlichen. In diesem Club treffen sich Leute, die sich – oder einen Teil von sich – hässlich finden. Der Club hat zur Zeit regen Zulauf, und das wundert mich nicht. Denn die Messlatte für Schönheit wird immer höher gelegt. In Magazinen und Fernsehshows wird so lange am Schönheitsideal gefeilt, bis ich vor dem Badezimmerspiegel wirklich an mir zu zweifeln beginne. Hier könnte noch ein Gramm weg oder dazu, dort sollte etwas mehr anliegen oder auch weiter abstehen.
Wenn ich allerdings damit beginne, diesen Schönheitsidealen hinterherzuhecheln, dann kann ich ganz schnell verzweifeln. Da lobe ich mir den Club der Hässlichen. Die sagen nämlich: Die Welt soll nicht länger von Schönheit regiert werden, denn nicht die Oberfläche ist wichtig, sondern das, was darunter steckt. Und ein Leitsatz des Clubs gefällt mir ganz besonders: »Niemand ist für jeden hässlich.« Das heißt, ich kann gerade eine Macke an meiner Freundin ganz besonders reizvoll finden, zum Beispiel die kleine Narbe an der Oberlippe oder den Leberfleck am Hals.
Was der eine hässlich findet, kann also für den anderen schon wieder attraktiv sein. Bei den weiblichen Nasenaffen zum Beispiel sind Männchen mit großen Nasen ganz vorn dabei.

Biblischer Text: 1 Kor 12,1.4–11

Einleitung:

Paulus schreibt an die Gemeinde in Korinth über die »innere Schönheit«, über Gaben, die man nicht auf Anhieb sehen kann:

Auch über die Gaben des Geistes möchte ich euch nicht in Unkenntnis lassen. Es gibt verschiedene Gnadengaben, aber nur den einen Geist. Es gibt verschiedene Dienste, aber nur den einen Herrn. Es gibt verschiedene Kräfte, die wirken, aber nur den einen Gott: Er bewirkt alles in allen. Jedem aber wird die Offenbarung des Geistes geschenkt, damit sie anderen nützt.
Dem einen wird vom Geist die Gabe geschenkt, Weisheit mitzuteilen, dem andern (...), Erkenntnis zu vermitteln, dem dritten (...) die Gabe, Krankheiten zu heilen, einem andern Wunderkräfte, einem andern prophetisches Reden, einem andern die Fähigkeit, die Geister zu unterscheiden, wieder einem andern verschiedene Arten von Zungenrede, einem andern schließlich die Gabe, sie zu deuten.
Das alles bewirkt ein und derselbe Geist; einem jeden teilt er seine besondere Gabe zu, wie er will.

Aktivierung

- TN bekommen ein »Profil der inneren Schönheit« (siehe Kopiervorlage auf CD-ROM) und schreiben unter die verschiedenen Körperteile ihre Stärken.
- Eine ihrer Stärken schreiben sie auf einen Zettel und legen ihn verdeckt in die Mitte.
- Jetzt wird der Paulus-Text noch einmal gelesen. Im zweiten Teil, wo die Gaben beschrieben werden, werden die Stärken der TN von den Zetteln eingefügt.

Gebet/Segen

Guter Gott,
schenke mir einen Blick, der tiefer geht
als bis zur Oberfläche der Haut,
als bis zum Rücken einer Nase,
als bis zur Anzahl der Falten,
als bis zum Umfang des Bauches.
Schenke mir den Blick ins Innere, einen Blick für die Gaben:
den Humor, die Bescheidenheit, den Mut,
die Freundlichkeit, den Fleiß, die Ehrlichkeit,
die Güte, den Gerechtigkeitssinn, die Kreativität,
die Großzügigkeit, das Verständnis, die Kraft.
Darum bitte ich durch Jesus, meinen Bruder und Herrn. Amen.

Lied

- KR 329/TR 622/UW 50/EH 85/RU 116: Selig seid ihr

27. Ali Agca

Verzeihen können

Material:	▶ Alter Teller, der zerbrochen werden kann ▶ Tuch, evtl. Hammer ▶ Wasserfeste Farbstifte, Klebstoff (Keramikkleber, Kraftkleber) ▶ Liedblatt oder Liederbuch
Vorbereitung:	▶ Prüfen, ob Räumlichkeit das Zertrümmern des Tellers in der Gruppe ermöglicht – falls nicht, sollte der Teller vorher bereits zerbrochen werden.
Stichwort:	Streit, Frieden, Versöhnung, Vergebung, Gnade
Bibelstelle:	Mt 18, 21–22

Impulstext

Mai 1981: Papst Johannes Paul II. fährt in seinem offenen Wagen über den Petersplatz. Tausende Menschen jubeln ihm zu. Immer wieder beugt sich der Papst in die Menge, um den Menschen die Hände zu schütteln. Auf einmal zwei Schüsse. Der Papst fällt vornüber und bewegt sich nicht mehr. Nur knapp entkommt er dem Tod.

Das Erstaunlichste aber folgt, als der Papst wieder sprechen kann. Einer seiner ersten Sätze ist: »Ich bete für den Bruder, der mich getroffen hat und vergebe ihm ehrlich.«

Ich weiß nicht, ob ich das geschafft hätte – meinem eigenen Killer verzeihen. Aber Papst Johannes Paul II. folgt dem Tipp, den Jesus schon seinem Vorgänger gegeben hat: Jesus sagt nämlich zu Petrus: »Nicht sieben Mal sollst du vergeben, sondern 77 Mal.« Er meint damit: Wir sollen immer und überall vergeben. Und zwar ohne jede Einschränkung.

Ich finde, das ist ganz schön viel verlangt. Oft führen ja schon so Kleinigkeiten wie ein vergessener Geburtstag oder eine nicht ausgesprochene Einladung zu jahrelangem Zoff und Schwelereien. Wie schwer muss es dann erst für eine mehrfach betrogene Ehefrau oder für ein lebenslang entstelltes Unfallopfer sein, wenn sie dem anderen verzeihen sollen?

Jesus will mit seiner Aufforderung zum uneingeschränkten Vergeben sicherlich

nicht, dass wir das uns angetane Unrecht gutheißen. Er will, dass die entstandenen Verletzungen heilen können. Und das geht eben nur, wenn ich sie irgendwann innerlich mal ruhen lasse. Die Tat soll mein Leben nicht länger als nötig negativ beeinflussen.
Papst Johannes Paul II. hat nach seinem mündlichen Verzeihen übrigens noch einen draufgesetzt: Zwei Jahre später besucht er den Attentäter Ali Agca im Gefängnis. 20 Minuten lang spricht er mit ihm unter vier Augen und umarmt ihn schließlich. Ich denke, diese Umarmung hat beiden Seiten gutgetan: Ali Agca – aber vermutlich auch dem Papst.

Biblischer Text: Mt 18, 21–22

Einleitung:

Jesus lehrt seine Jünger in Gleichnissen und Reden. Petrus hat eine Frage an Jesus:

Da trat Petrus zu ihm und fragte: Herr, wie oft muss ich meinem Bruder vergeben, wenn er sich gegen mich versündigt? Sieben Mal?
Jesus sagte zu ihm: Nicht sieben Mal, sondern siebenundsiebzig Mal.

Aktivierung

- Ein alter Teller wird zerschmettert (Tuch unterlegen).
- TN malen auf die Scherben eine Situation, wo bei ihnen etwas in die Brüche gegangen ist, wo sie jemandem verzeihen müssten.
- TN können gemeinsam den Teller wieder zusammenkleben.
- Betrachtung des Tellers und Gespräch: Er ist nicht mehr der alte. Wunden können durchaus sichtbar bzw. spürbar bleiben.

Gebet/Segen

Guter Gott,
du bist ein Gott der Gerechtigkeit *und* ein Gott der Vergebung.
Gerechtigkeit ist für dich mehr als bloßes Abwägen.
Deine Gerechtigkeit ist voll von Gnade.
Und Gnade ist Vergebung.
Mir fällt bedingungsloses Vergeben oft schwer.
Zu sehr fesseln mich die menschlichen Kategorien von Schuld und Vergeltung.
Guter Gott,
lass mich erkennen:
Vergebung erhalten und Vergebung gewähren,
das ist ein Stück von deinem Himmelreich.
mach mich jeden Tag ein bisschen gnädiger,
auf dass dein Reich bei uns ankomme. Amen.

Lied

- KR 43/RU 205: Danos un Corazon

28. Motorrad-Wallfahrer

Außen hart, innen weich

Material:	▶ »Werte-Wahlzettel« (siehe Kopiervorlage)
	▶ Liedblatt oder Liederbuch
Vorbereitung:	▶ Kopiervorlage ausdrucken und vervielfältigen
Stichwort:	▶ Werte, Sehen, Franz von Assisi, Wahrheit
Bibelstelle:	1 Sam 16,6–12

Impulstext

An Pfingsten war ich mit ca. 30 Bikern auf einer Motorradwallfahrt nach Assisi unterwegs. Es ist schon beeindruckend, wenn der laute Tross in ein kleines italienisches Städtchen einfährt. Kinder verkriechen sich ängstlich hinter die Beine ihrer Eltern. Und die Erwachsenen reagieren von verärgert bis bewundernd. Was die meisten nicht fassen können: Die vermeintlichen Motorrad-Rocker ziehen ihre Helme ab und gehen in eine Kirche. Etwas breitbeinig vom langen Fahren zwar, aber ehrfürchtig. Sie beten in Stille oder stimmen einen Kanon an. Das passt so gar nicht ins Bild der Biker.

Eine dieser Kirchen ist »Santa Maria degli Angeli« unterhalb von Assisi. Eine der größten Kirchen der Welt. Sie beeindruckt zwar durch ihre Dimensionen, ist aber sonst nicht gerade eine Schönheit. Eines macht sie jedoch einzigartig: Im Innenraum, genau unter der Kuppel, steht ein kleines Kapellchen. Es heißt »Portiuncula« und der Hl. Franz von Assisi hat es einst mit seinen eigenen Händen renoviert.

Damals stand die Kapelle noch baufällig und einsam im Eichenwald vor Assisi. Franz liebte den Ort so sehr, dass er sich wünschte, dort im Kreis seiner Freunde zu sterben. Deshalb wohl wurde die »Portiuncula« zu einem Pilgerort. Papst Pius V. ließ dann zum Schutz die Kathedrale darüber bauen.

In Lederklamotten mit Helm unterm Arm durchquere ich also die Riesenkirche. Schon etwas enttäuschend, die klotzige Atmosphäre. Als ich aber die kleine »Portiuncula« betrete, da bin ich plötzlich ergriffen von der Einfachheit und Ausstrahlung dieses jahrhundertealten Bauwerks. Und auch an den Menschen um mich herum merke ich, dass hier noch etwas vom Geist des Heiligen Franz spürbar ist.

Vielleicht ist es so auch mit uns Motorrad-Wallfahrern: von außen laut und stinkend, schnell und risikobereit. Aber unter Helm und Leder, da stecken einzigartige Menschen. Menschen auf der Suche nach Gott und ein paar schönen Kurven.

Biblischer Text: 1 Sam 16,6–12

Einleitung:

Saul, der König Israels, ist bei Gott in Ungnade gefallen. Deshalb schickt Gott Samuel zu Isai. Samuel soll einen seiner Söhne zum Nachfolger Sauls salben. Samuel ist selbst gespannt, welcher von Isais Söhnen der Erwählte sein wird. Doch weder der Stärkste noch der Schönste wird von Gott erwählt werden, ganz im Gegenteil …

Als Isai und sieben seiner acht Söhne kamen und Samuel den Eliab sah, dachte er: Gewiss steht nun vor dem Herrn sein Gesalbter. Der Herr aber sagte zu Samuel: Sieh nicht auf sein Aussehen und seine stattliche Gestalt, denn ich habe ihn verworfen; Gott sieht nämlich nicht auf das, worauf der Mensch sieht. Der Mensch sieht, was vor den Augen ist, der Herr aber sieht das Herz.
Nun rief Isai den Abinadab und ließ ihn vor Samuel treten. Dieser sagte: Auch ihn hat der Herr nicht erwählt. Isai ließ Schima kommen. Samuel sagte: Auch ihn hat der Herr nicht erwählt.
So ließ Isai sieben seiner Söhne vor Samuel treten, aber Samuel sagte zu Isai: Diese hat der Herr nicht erwählt. Und er fragte Isai: Sind das alle deine Söhne? Er antwortete: Der jüngste fehlt noch, aber der hütet gerade die Schafe. Samuel sagte zu Isai: Schick jemand hin, und lass ihn holen; wir wollen uns nicht zum Mahl hinsetzen, bevor er hergekommen ist.
Isai schickte also jemand hin und ließ ihn kommen. David war blond, hatte schöne Augen und eine schöne Gestalt. Da sagte der Herr: Auf, salbe ihn! Denn er ist es.

Aktivierung

- Die TN füllen bei Meditationsmusik einen »Werte-Wahlzettel« aus (s. Kopiervorlage), indem sie verschiedenen Werten unterschiedliche Punktzahlen geben.
- Im Anschluss wird eine Werte-Hitparade erstellt, indem die Punkte zusammengezählt werden.
- Anschließend Gespräch: Warum sind uns gerade diese Werte so wichtig?

Gebet/Segen

Guter Gott,
oft sehe ich nur die Hülle:
den Königsmantel, das dicke Goldkettchen,
die Alditüte, das abgewetzte Jackett,
die Jogginghose, die gefärbten Haare,
die Lederjacke, den dicken Auspuff.
Die wichtigen Dinge bleiben meist im Verborgenen:
… (hier die Werte aus der Werte-Hitparade einfügen)
Guter Gott,
lass mich dem ersten Blick widerstehen
und den Wert dieser Werte erkennen.
Darum bitte ich durch Jesus, meinen Bruder und Herrn. Amen.

Lied

- KR 327: Sei du so, wie du bist

29. Konsumboykott

Der Blick für's Wesentliche

Material:	▶ Kleine Halbedelsteine (alternativ: schöne Glasmurmeln oder Ähnliches) ▶ Liedblatt oder Liederbuch
Vorbereitung:	▶ /
Stichwort:	Werte, Konsum, Verzicht, Fastenzeit
Bibelstelle:	Mt 6,19–21.26

Impulstext

Pelikan- oder Geha-Füller. Puma- oder Adidas-Schuhe. Das war mein erster Kontakt zur Welt der Marken und Logos. Heute hat sich das Markenbewusstsein bei jungen Leuten noch weiter entwickelt. Es gibt Menschen, die sind geradezu markensüchtig.
Einer von ihnen: Neil Boorman, ein englischer Lifestyle-Journalist. Shoppen-Gehen und Markenwaren ziehen ihn magnetisch an. Teilweise stapeln sich die Einkaufstüten unausgepackt bei ihm zu Hause. Ebenso häufen sich seine Shopping-Schulden.
Als Neil merkt, dass er sich und seine Mitmenschen nur noch nach ihren Marken beurteilt, beschließt er: So kann es nicht weitergehen. Er beginnt eine Psychotherapie. Und er entschließt sich zu einem radikalen Schritt: Er will ein Jahr komplett ohne Marken leben. Auf einer Art Scheiterhaufen verbrennt Neil Boorman in der Londoner Innenstadt seinen kompletten Warenschatz im Wert von über 26.000 Euro: Turnschuhe, Handy, Fernseher, Kleidung. Alles, was Marke trägt, muss raus.
Ich finde, Boorman hat ganz schön mutig gehandelt. Aber schnell merkt er auch, dass das neue markenlose Leben gar nicht so einfach ist: Seine Freunde und Kollegen nehmen ihn nicht ernst. Lebensmittel muss Neil jetzt direkt vom Erzeuger kaufen, für Kleidung geht er in Second-Hand-Läden oder Armee-Shops. Zahnpasta stellt er selbst her und auf Kosmetika und Fernseher verzichtet er ganz.
Als das Experiment nach einem Jahr endet, fragen viele, ob Neil jetzt wieder normal leben wird. Er sagt: »Ich will nicht in mein altes Leben zurückkehren.

Denn ich bin jetzt nicht mehr so oberflächlich wie früher, nicht mehr so ängstlich. Und ich verliere nicht den Respekt vor jemandem, nur weil er die falschen Schuhe trägt.«
Vielleicht hat Neil Boorman den Konsumboykott etwas arg konsequent durchgezogen. Aber eines scheint er erreicht zu haben: Der Blick ist wieder frei fürs Wesentliche. Denn das liegt hinterm Logo.

Biblischer Text: Mt 6,19–21.26

Einleitung:

In der Bergpredigt gibt Jesus viele Tipps für ein gutes Leben. Unter anderem spricht er davon, sich nicht an irdischen Dingen festzuhalten. Er sagt:

Sammelt euch nicht Schätze hier auf der Erde, wo Motte und Wurm sie zerstören und wo Diebe einbrechen und sie stehlen, sondern sammelt euch Schätze im Himmel, wo weder Motte noch Wurm sie zerstören und keine Diebe einbrechen und sie stehlen. Denn wo dein Schatz ist, da ist auch dein Herz.
Seht euch die Vögel des Himmels an: Sie säen nicht, sie ernten nicht und sammeln keine Vorräte in Scheunen; euer himmlischer Vater ernährt sie. Seid ihr nicht viel mehr wert als sie?

Aktivierung

- TN bekommen kleine Halbedelsteine ausgeteilt und überlegen, für welche ihrer »himmlischen Schätze« diese stehen könnten.
- Danach werden die Schätze benannt und in eine kleine Kiste gelegt.
- Dann wird der Segen über die Schätze gesprochen:

Segen

Guter Gott,
wir danken dir für unsere Schätze, für die Gaben des Himmels.
Segne sie und erhalte sie.

Segne sie und lass sie wachsen.
Segne sie und lass sie uns freisetzen.
Im Namen des + Vaters und des Sohnes und des Heiligen Geistes. Amen.

Gebet

Psalm 15 (in Auszügen) wird im Wechsel gebetet:

Herr, wer darf Gast sein in deinem Zelt,
wer darf weilen auf deinem heiligen Berg?
    Der makellos lebt und das Rechte tut;
    der von Herzen die Wahrheit sagt
und mit seiner Zunge nicht verleumdet;
der seinem Freund nichts Böses antut.
    Der seinen Nächsten nicht schmäht;
    der den Verworfenen verachtet;
der sein Versprechen nicht ändert,
das er seinem Nächsten geschworen hat;
    der sein Geld nicht auf Wucher ausleiht
    und nicht zum Nachteil des Schuldlosen Bestechung annimmt.
Wer sich danach richtet,
der wird niemals wanken.
    Ehre sei dem Vater und dem Sohn
    und dem Heiligen Geist.
Wie im Anfang so auch jetzt und alle Zeit
und in Ewigkeit. Amen.

Lied

- »Da wohnt ein Sehnen tief in uns«
  Originaltitel: There Is A Longing. Text und Melodie: Anne Quigley. Deutsch: Eugen Eckert.

2. Um Einsicht, Beherztheit, um Beistand bitten wir.
   In Ohnmacht, in Furcht, sei da, sei uns nahe, Gott.

3. Um Heilung, um Ganzsein, um Zukunft bitten wir.
   In Krankheit, im Tod, sei da, sei uns nahe, Gott.

4. Dass Du, Gott, das Sehnen, den Durst stillst, bitten wir.
   Wir hoffen auf dich, sei da, sei uns nahe, Gott.

30. Age-Explorer

Einfühlungsvermögen

Material:	▶ evtl. längeres Seil
	▶ Liedblatt oder Liederbuch
Vorbereitung:	▶ Raum für Aktion begrenzen, Musik/Abspielgerät
Stichwort:	Rücksicht, Alter, Sinne, Wahrnehmung, Einfühlungsvermögen
Bibelstelle:	Lk 10,25–29

Impulstext

Auf einer Erfinder-Messe in Düsseldorf wurde ein neuartiger Anzug vorgestellt. Er sieht ein bisschen aus wie ein Astronauten-Overall mit Helm und heißt »Age Explorer«, also »Alters-Erforscher«. Man soll sich darin fühlen wie mit Mitte 70. An den Gelenken ist der Anzug mit Gewichten beschwert, weil Senioren oft nicht mehr so beweglich sind und weniger Kraft haben. Außerdem nehmen sie Farben anders wahr und können nicht mehr so gut sehen. Deshalb der Helm mit eingeschränktem Sichtfeld und getöntem Visier.

Und wozu das Ganze? Mit dem »Age Explorer« untersuchen Marktforscher, wie ältere Menschen in unserer Welt zurechtkommen. Wenn Senioren mit dem Bus fahren oder in den Supermarkt gehen, dann haben sie oft mit Kleinigkeiten zu kämpfen, die Jüngeren gar nicht auffallen: hohe Trittbretter, kleine Schrift, komplizierte Verpackungen. Mit dem »Age-Explorer« werden Forscher auf die Probleme der älteren Generation aufmerksam und können darauf reagieren.

Wäre ja praktisch, wenn es so einen Anzug nicht nur zur Senioren-Erforschung gäbe, sondern für alle möglichen Menschen: Dann könnte ich zum Beispiel erfahren, wie Kranke oder Behinderte in unserer Welt zurechtkommen. Vielleicht ja auch, was mein Chef oder meine Arbeitskollegen fühlen. Dann hätte ich mit so einem Overall bestimmt schon einigen Ärger und Missverständnisse vermeiden können. Denn wenn ich weiß, was jemand fühlt, kann ich besser auf seine Bedürfnisse reagieren.

Aber solche Anzüge gibt es leider noch nicht. Wenn ich die Welt der anderen Menschen verstehen will, dann muss ich mich in sie hineinfühlen. Und das kostet mehr Mühe, als in einen Overall zu schlüpfen. Aber – die Mühe lohnt sich.

Biblischer Text: Lk 10,25–29

Da stand ein Gesetzeslehrer auf, und um Jesus auf die Probe zu stellen, fragte er ihn: Meister, was muss ich tun, um das ewige Leben zu gewinnen?
Jesus sagte zu ihm: Was steht im Gesetz? Was liest du dort? Er antwortete: Du sollst den Herrn, deinen Gott, lieben mit ganzem Herzen und ganzer Seele, mit all deiner Kraft und all deinen Gedanken, und: Deinen Nächsten sollst du lieben wie dich selbst.
Jesus sagte zu ihm: Du hast richtig geantwortet. Handle danach, und du wirst leben. Der Gesetzeslehrer wollte seine Frage rechtfertigen und sagte zu Jesus: Und wer ist mein Nächster?

Aktivierung

- Bei beschwingter Musik laufen TN kreuz und quer durch einen eng begrenzten Raum (evtl. mit Seilen oder Stühlen eingrenzen), ohne sich zu berühren. Sie sollen dabei aufeinander achten und schauen, wie und auf welche Seite sie ausweichen können.
- Schrittweise wird das Tempo und somit auch der Schwierigkeitsgrad an Einfühlungsvermögen erhöht.
- Danach: Austausch über die gemachten Erfahrungen

Gebet/Segen

Guter Gott,
schenke mir den wachen Blick,
den achtenden Blick,
den aufmerksamen Blick,
den einfühlenden Blick.
Auf die Menschen, die mich brauchen,
auf die Menschen, die ich brauche
auf die Menschen, die ich treffe,
auf die Menschen, die von mir getroffen werden,
auf die Menschen, für die ich verantwortlich bin,
auf die Menschen, denen ich verantwortlich bin.

Den wachen Blick,
den achtenden Blick,
den aufmerksamen Blick,
den einfühlenden Blick schenke mir. Amen.

Lied

- KR 353/TR 362/UW 131/EH 69, RU 208: Ubi Caritas

Digicams, GPS und Limousinen mit Überlänge

... über unser Leben

31. Smile Shutter

Das Leben hat viele Gesichter

Material:	▶ Digitalkamera/Handykamera ▶ Falls möglich: Drucker zum direkten Ausdrucken von der Kamera ▶ Liedblatt oder Liederbuch
Vorbereitung:	▶ Drucker im Raum einrichten
Stichwort:	Gefühle, Freude, Wahrheit
Bibelstelle:	Gen 18,10–15

Impulstext

Eine der vielen Neuheiten auf dem Fotomarkt ist die sogenannte »Smile Shutter«-Funktion. Die Kamera löst nur noch aus, wenn eine zuvor ausgewählte Hauptperson auch wirklich lächelt. Der Vorteil ist offensichtlich: nur noch Gute-Laune-Bilder, kein lästiges Aussortieren mehr und jeder zeigt sich von seiner Schokoladenseite – dank »Smile Shutter«.

Aber eigentlich auch ein bisschen schade. Oftmals sind doch die vermeintlich missglückten Bilder gerade die, die was zu erzählen haben. Zum Beispiel das alte Schwarz-Weiß-Foto meiner Mutter mit ungewissem Blick. Kurz zuvor hatte sie erfahren, dass sie noch einmal überraschend schwanger geworden war. Oder mein Kumpel und ich: Wir hocken frisch gekentert und pudelnass neben unserem vollgelaufenen Kanu – bedröppelte Gesichter. Diese Fotos sind so gut, weil sie das Leben zeigen, wie es wirklich ist.

Ein Foto soll ja Situationen festhalten, Erinnerungen erleichtern, das Leben abbilden. Und das besteht nun mal nicht nur aus Lächeln und guter Laune. Sondern es gibt auch Momente, da bin ich traurig, griesgrämig, wütend oder nachdenklich. Ich finde, gerade diese Vielfalt macht das Leben interessant.

Ich erinnere mich noch gut an ein Familienfoto-Shooting, bei dem ich miese Laune hatte. Noch nie ist mir das Lächeln so schwer gefallen. Lächeln macht doch erst richtig Spaß, wenn es von Innen kommt, wenn ich den Zeitpunkt dafür selbst bestimmen darf.

Der Fotomarkt ist mit »Smile-Shutter« vielleicht um eine Errungenschaft reicher, aber das echte Leben kann mehr als bloß lächeln.

Biblischer Text: Gen 18,10–15

Einleitung:

Abraham und Sara sind schon alt und kinderlos. Sie beginnen langsam zu zweifeln an der Verheißung Gottes, sie werden viele Nachkommen haben. Eines Tages besucht Gott in der Gestalt dreier Männer die Zelte von Abraham und Sarah. Gott will den beiden Mut machen und er verleiht seiner Verheißung noch einmal Nachdruck. Er sagt zu Abraham:

»In einem Jahr komme ich wieder zu dir, dann wird deine Frau Sara einen Sohn haben.« Sara hörte am Zelteingang hinter seinem Rücken zu. Abraham und Sara waren schon alt; sie waren in die Jahre gekommen. Sara erging es längst nicht mehr, wie es Frauen zu ergehen pflegt.
Sara lachte daher still in sich hinein und dachte: Ich bin doch schon alt und verbraucht und soll noch das Glück der Liebe erfahren? Auch ist mein Herr doch schon ein alter Mann!
Da sprach der Herr zu Abraham: Warum lacht Sara und sagt: Soll ich wirklich noch Kinder bekommen, obwohl ich so alt bin? Ist beim Herrn etwas unmöglich? Nächstes Jahr um diese Zeit werde ich wieder zu dir kommen; dann wird Sara einen Sohn haben.
Sara leugnete: Ich habe nicht gelacht. Sie hatte nämlich Angst. Er aber sagte: Doch, du hast gelacht.

Aktivierung

- Sara durchlebt ein Wechselbad der Gefühle: Hoffnung, Zweifel, Galgenhumor, Angst. Auch wir durchleben immer wieder Wechselbäder der Gefühle.
- TN sollen sich gegenseitig fotografieren. Verschiedene Gesichtsausdrücke können für Gefühle stehen, die sie in letzter Zeit hatten.
- Falls möglich, werden Fotos danach ausgedruckt und galerieartig ausgestellt.

Gebet/Segen

Guter Gott,
unser Leben gleicht manchmal einem Wechselbad der Gefühle:
Hoffnung und Zweifel,
Lachen und Weinen,
Sicherheit und Angst,
Ärger und Sanftmut.
Lass uns erkennen:
So vielfältig wie unser Leben bist auch du.
Du bist uns in allen Lebenslagen nahe.
Dafür danken wir dir. Amen.

Lied

- KR 408/TR 674: Wir träumen einen Traum

32. GPS

Das Leben macht Umwege

Material:	▶ Legematerial ▶ evtl. Kopiervorlage »Landkarte der Gefühle« ▶ Liedblatt oder Liederbuch
Vorbereitung:	▶ Legematerial bereitstellen, evtl. Kopiervorlage ausdrucken und vervielfältigen ▶ Falls ein gemeinsamer Weg gegangen werden soll: Route und Zeit festlegen
Stichwort:	Weg, Biografie, Leben, Umweg, Vertrauen
Bibelstelle:	Gen 13,17–18

Impulstext

Was früher Karte und Kompass waren, ist heute das Navi. Das gibt's auch für Fußgänger im Gelände. Ein kleines GPS-Gerät in meiner Hand verrät mir meine genaue Position überall auf der Welt.

Mit so einem High-Tech-Teil war ich neulich zum ersten Mal unterwegs, um einen der schönen Hegau-Vulkane am Bodensee zu besteigen. Ist schon praktisch: Ein Blick aufs Display genügt und ich weiß sofort: noch 260 Meter Luftlinie, dann ist das Gipfelkreuz erreicht. Wird auch langsam Zeit.

Aber ich hab mich zu früh gefreut. Hinter der nächsten Biegung ragt eine steile Felswand auf – unüberwindbar. Mein GPS sagt zwar: noch 100 Meter – aber Luftlinie eben. Um auf den Gipfel zu kommen, muss ich erst noch die Felswand umrunden und dann von der anderen Seite mühevoll aufsteigen.

Kenn ich doch irgendwoher. Ein Ziel fast vor Augen – und dann kommt was dazwischen. Stellt sich einfach in den Weg. Ich hab das beruflich erlebt. Und noch mit ein paar anderen Lebenszielen. Es ging einfach nicht per Luftlinie. Aber die Umwege waren auch nicht immer schlecht. Ich hab dabei so manches erlebt, was gut war für mich, was mich weitergebracht hat.

So war's übrigens auch auf meiner Vulkanwanderung. Die herrliche Rückansicht des Berges und das Lokal mit dem erfrischenden Weizenbier hätte ich per Luftlinie nie gesehen. Manchmal lohnt sich ein Umweg eben.

Biblischer Text: Gen 13,17–18

Einleitung:

Das Volk der Israeliten wird in Ägypten schlecht behandelt. Sie wollen ihre Freiheit wiederhaben und nehmen einen beschwerlichen Weg in Kauf: Mose führt sie mit Gottes Hilfe durch die Wüste. Doch sie gehen nicht den direkten Weg …

Als der (ägyptische) Pharao das Volk (Israel) ziehen ließ, führte sie Gott nicht den Weg ins Philisterland, obwohl er der kürzere war. Denn Gott sagte: Die Leute könnten es sonst, wenn sie Krieg erleben, bereuen und nach Ägypten zurückkehren wollen.
So ließ sie Gott einen Umweg machen, der durch die Wüste zum Schilfmeer führte. Geordnet zogen die Israeliten aus Ägypten hinauf.

Aktivierung

- TN legen mit Legematerialien einen Weg. Sie können dabei biographisch vorgehen. Dabei kann eine »Landkarte der Gefühle« (s. Anlage) als Untergrund dienen.
- TN suchen sich Partner, denen sie ihren Weg erläutern wollen.
- Variante: Eine Gruppe kann auch gemeinsam einen Weg legen.

Gebet/Segen

Psalm 25 (in Auszügen) wird im Wechsel gebetet:

Mein Gott, auf dich vertraue ich.
Lass mich nicht scheitern, lass meine Feinde nicht triumphieren!
    Denn niemand, der auf dich hofft, wird zuschanden;
    zuschanden wird, wer dir schnöde die Treue bricht.
Zeige mir, Herr, deine Wege, lehre mich deine Pfade!
Führe mich in deiner Treue und lehre mich;/
    Denn du bist der Gott meines Heiles.
    Auf dich hoffe ich allezeit.

Denk nicht an meine Jugendsünden und meine Frevel!
In deiner Huld denk an mich, Herr, denn du bist gütig.
    Gut und gerecht ist der Herr,
    darum weist er die Irrenden auf den rechten Weg.
Die Demütigen leitet er nach seinem Recht,
die Gebeugten lehrt er seinen Weg.
    Alle Pfade des Herrn sind Huld und Treue denen,
    die seinen Bund und seine Gebote bewahren.
Wer ist der Mann, der Gott fürchtet?
Ihm zeigt er den Weg, den er wählen soll.
    Dann wird er wohnen im Glück,
    seine Kinder werden das Land besitzen.
Die sind Vertraute des Herrn, die ihn fürchten;
er weiht sie ein in seinen Bund.
    Ehre sei dem Vater und dem Sohn
    und dem Heiligen Geist,
wie im Anfang so auch jetzt und alle Zeit
und in Ewigkeit. Amen.

Lied

– »Ihr seid nicht umsonst gekommen« (aus der finnischen Messe)
  Originaltitel: Turhaan ette tänne tulleet
  Text + Musik: Pekka Simojoki © Continental Sound, Rotterdam
  Dt. Text: © Gerold Vorländer

33. Verschwörungstheorien

Das Leben kennt keine einfachen Antworten

Material:	▶ Flipchartpapier oder großes Plakat ▶ Dicke Stifte ▶ Kerze ▶ Liedblatt oder Liederbuch
Vorbereitung:	▶ Evtl. Tisch aufstellen, auf dem das Plakat beschrieben werden kann. Fragen auf das Plakat schreiben
Stichwort:	Werte, Entscheidung, Urteil, Zweifel, Glauben, Gerechtigkeit
Bibelstelle:	Jes 8,10.12–14a

Impulstext

Das Rezept für eine Verschwörungstheorie ist ganz einfach: Es braucht einen dubiosen Anstifter, z. B. Geheimdienst, Wirtschaftskartell oder Geheimbund wie z. B. die Illuminaten. Diese Verschwörer lasse man Politik unterwandern, Medien beeinflussen oder hinter einer Religion die Fäden ziehen. Und schon ist sie fertig, die Verschwörungstheorie.
Dabei entstehen die wildesten Gerüchte. Zum Beispiel: Das AIDS-Virus wurde in CIA-Labors entwickelt, um bestimmte ethnische Gruppen in den USA zu schwächen. Oder: Lady Di wurde vom britischen Geheimdienst umgebracht, da das Königshaus gegen eine Schwangerschaft mit Dodi al Fayed war. Ferner gibt es noch die Theorie, dass die Mondlandung nur von der NASA vorgetäuscht war oder dass Jesus verheiratet war und Kinder hatte, und und und.
Eines haben diese Theorien gemeinsam: Sie liefern einfache Antworten auf komplizierte Fragen. Und das ist es wohl, was Verschwörungstheorien so beliebt macht.
Ich habe oft das Gefühl, das etwas nicht mehr stimmt mit der Welt: Terroranschläge, wirtschaftliche Schieflagen, internationale Konflikte. Wie schön wäre es, die Ursache allen Übels zu kennen. Zu wissen, wer gut und wer böse ist. Aber leider ist es nicht so einfach, wie es uns die Verschwörungstheorien vorgaukeln.
Vielleicht hat es das Christentum deshalb nicht gerade leicht in unserer aufgeklärten Zeit. Wenn es um Naturkatastrophen oder Ungerechtigkeiten geht,

wenn jemand einen lieben Menschen verliert, dann muss unsere Religion öfters mal eine Erklärung schuldig bleiben, sprachlos sein, Spannungen aushalten. Das Christentum liefert keine einfachen Antworten auf die Frage nach dem Bösen im Menschen oder nach dem vielen Leid auf der Welt.
Aber genau das macht für mich das Christentum so glaubwürdig. Es ist manchmal sprachlos, es weiß nicht weiter, es kommt in Erklärungsnot. Es ist halt so wie das Leben – und deshalb garantiert keine Verschwörungstheorie.

Biblischer Text: Jes 8,10.12–14a

Einleitung:

Der Prophet Jesaja warnt sein Volk Israel vor einem Bündnis mit dem König von Assur. Er sagt: Israel hat es nicht nötig, sich mit einem anderen Volk zu verbünden. Denn Israels wichtigster Verbündeter ist Gott!

Macht nur Pläne! Sie werden vereitelt. Was ihr auch sagt, es kommt nicht zustande. Denn »Gott ist mit uns«.
Nennt nicht alles Verschwörung, was dieses Volk (der Assyrer) Verschwörung nennt. Was es fürchtet, sollt ihr nicht fürchten; wovor es erschrickt, davor sollt ihr nicht erschrecken. Den Herrn der Heere sollt ihr heilig halten; vor ihm sollt ihr euch fürchten, vor ihm sollt ihr erschrecken. Er wird das Heiligtum sein für die beiden Reiche Israels.

Aktivierung

- Schreibgespräch: Auf einem Flipchart-Papier stehen folgende Sätze:
- Woran zweifle ich? Wo stößt mein Glaube an Grenzen? Was macht mich sprachlos?
- TN gehen schweigend um das Plakat und schreiben mit dicken Stiften dazu, was ihnen einfällt.
- Ebenso kann mit Pfeilen, unterstreichen oder Kommentaren auf die bereits geschriebenen Statements reagiert werden, immer aber schweigend.
- Am Ende bleibt noch Zeit, sich alles durchzulesen.
- Danach wird eine Kerze in die Mitte gestellt und das Gebet gesprochen.

Gebet/Segen

Guter Gott,
manchmal bin ich sprachlos,
weiß nicht mehr weiter,
kenne keine Antworten.
Vielleicht ist das die Spur zu dir …
Du lässt dich nicht in Worte fassen.
Deine Größe ist unvorstellbar.
Du bist das Geheimnis des Glaubens.
Hilf mir, meine Grenzen anzunehmen,
deine Größe zu akzeptieren,
dem Geheimnis zu trauen. Amen.

Lied

- KR 346/RU 38/UW 43/EH 152: Suchen und fragen

34. Die Wilden Kerle

Leben heißt »Wild sein«

Material:	▶ Liedblatt oder Liederbuch
Vorbereitung:	▶ /
Stichwort:	Mut, Nachfolge, Protest, Wut, Ärger, Gefühle
Bibelstelle:	Joh 2,13–17

Impulstext

»Alles ist gut, solange du wild bist!« – das ist *der* Spruch im Film »Die Wilden Kerle«. Mehrere Teile haben es in den Kinohitparaden auf die vorderen Ränge geschafft. Die Teenies sind begeistert von der Freestyle-Soccer Mannschaft um Leon und Vanessa mit ihren Abenteuern rund um den Bolzplatz. Und vor allem ihr Schlachtruf kommt bestens an: »Alles ist gut, solange du wild bist!«

Meine Sechstklässler sind auch infiziert von dem Spruch. Für die gilt aber: Nur was wild ist, ist auch gut. Dazu zählen Krampenschießen, Pausenraufereien und heimlich rauchen. Mein Reli-Unterricht gehört eher selten dazu.

Bei so viel Wildheit komm ich mir fast ein bisschen spießig vor. Ich frage mich, ob ich überhaupt noch das Zeug zu einem »Wilden Kerl« hätte. Oder habe ich das Wildsein schon verlernt?

Mit meinen Sechstklässlern rede ich im Unterricht oft über Jesus. Und eigentlich war der ja auch ein Wilder: mit 12 Jahren schon für drei Tage von zu Hause ausgebüchst. Später dann immer gegen den Strom geschwommen. Und schließlich im Tempel so richtig aufgeräumt mit den Ständen der Händler und Geldwechsler. Vielleicht wäre Jesus ja sogar ein Fan der »Wilden Kerle« gewesen.

Für mich als »Fan von Jesus« heißt das aber: Wenn ich ihm nachfolgen will, wenn er mein Vorbild ist, dann sollte ich vielleicht auch öfters mal wild sein. Wildsein in meinem Alter hat nun natürlich nichts mit Krampenschießen oder heimlich rauchen zu tun. Wildsein heißt aber immer, die ausgetretenen Pfade zu verlassen.

Und Wildsein im Sinne Jesu geht noch einen Schritt weiter: zum Beispiel mich aktiv engagieren für Minderheiten oder für Umweltschutz. Den Mund aufmachen, wenn es auf der Straße oder im Betrieb mal ungerecht zugeht. Vielleicht würde das Jesus besser gefallen als manch ein frommes Gebet. Einfach mal ein bisschen wild sein.

Biblischer Text: Joh 2,13–17

Das Paschafest der Juden war nahe, und Jesus zog nach Jerusalem hinauf. Im Tempel fand er die Verkäufer von Rindern, Schafen und Tauben und die Geldwechsler, die dort saßen.
Er machte eine Geißel aus Stricken und trieb sie alle aus dem Tempel hinaus, dazu die Schafe und Rinder; das Geld der Wechsler schüttete er aus, und ihre Tische stieß er um.
Zu den Taubenhändlern sagte er: Schafft das hier weg, macht das Haus meines Vaters nicht zu einer Markthalle! Seine Jünger erinnerten sich an das Wort der Schrift: Der Eifer für dein Haus verzehrt mich.

Aktivierung

- TN spielen das Spiel »Pferderennen«: Angeleitet durch den Spielleiter wird ein Pferderennen mit dem ganzen Körper nachempfunden.
  - Schlagen der Hände auf die Schenkel = Gang der Pferde (je nach Geschwindigkeit Schritt, Trab, Galopp)
  - Neigen nach links/rechts = Links- bzw. Rechtskurve
  - Arme nach oben = Hindernis
  - Winken = Haupttribüne
  - pantomimisch Foto knipsen = Pressetribüne
  - weitere Elemente: Nervöses Einlaufen vor dem Start, Zwischen- und Endspurt, Wassergraben, …
- Im Anschluss kann sich ein Gespräch anschließen:
  - Wo zeige ich/die Kirche, dass ich wild sein kann?
  - Wo prangern wir Ungerechtigkeiten an und tun konkret etwas dagegen?

Gebet/Segen

Psalm 18 (in Auszügen) wird im Wechsel gebetet:

Ich will dich rühmen, Herr, meine Stärke,
Herr, du mein Fels, meine Burg, mein Retter, mein Gott.
Die Bande der Unterwelt umstrickten mich,
über mich fielen die Schlingen des Todes.
In meiner Not rief ich zum Herrn
und schrie zu meinem Gott.
Aus seinem Heiligtum hörte er mein Rufen,
mein Hilfeschrei drang an sein Ohr.
Da wankte und schwankte die Erde,
die Grundfesten der Berge erbebten.
Rauch stieg aus seiner Nase auf,
aus seinem Mund kam verzehrendes Feuer.
Da ließ der Herr den Donner im Himmel erdröhnen,
der Höchste ließ seine Stimme erschallen.
Er schoss seine Pfeile und streute sie,
er schleuderte Blitze und jagte sie dahin.
Er entriss mich meinen mächtigen Feinden,
die stärker waren als ich und mich hassten.
Sie überfielen mich am Tag meines Unheils,
doch der Herr wurde mein Halt.
Er führte mich hinaus ins Weite,
er befreite mich, denn er hatte an mir Gefallen.
Du, Herr, lässt meine Leuchte erstrahlen,
mein Gott macht meine Finsternis hell.
Mit dir erstürme ich Wälle,
mit meinem Gott überspringe ich Mauern.
Gott hat mich mit Kraft umgürtet,
er führte mich auf einen Weg ohne Hindernis.
Er ließ mich springen schnell wie Hirsche,
auf hohem Weg ließ er mich gehen.
Er lehrte meine Hände zu kämpfen,
meine Arme, den ehernen Bogen zu spannen.
Du gabst mir deine Hilfe zum Schild, deine Rechte stützt mich;

du neigst dich mir zu und machst mich groß.
    Du schaffst meinen Schritten weiten Raum,
    meine Knöchel wanken nicht.
Du hast mich zum Kampf mit Kraft umgürtet,
hast alle in die Knie gezwungen, die sich gegen mich erhoben.
    Es lebt der Herr! Mein Fels sei gepriesen.
    Der Gott meines Heils sei hoch erhoben;
Darum will ich dir danken, Herr, vor den Völkern,
ich will deinem Namen singen und spielen.
    Ehre sei dem Vater und dem Sohn
    und dem Heiligen Geist,
wie im Anfang so auch jetzt und alle Zeit
und in Ewigkeit. Amen.

Lied

- KR 300: Mit dir überspring ich Mauern

35. Stretchlimousine

Das Leben ist kein Boulevard

Material:	▶ Zettel in Postkartengröße ▶ Stifte ▶ Buchklammer ▶ Liedblatt oder Liederbuch
Vorbereitung:	▶ /
Stichwort:	Weg, Umweg, Demut, Entscheidung, Armut, Bequemlichkeit
Bibelstelle:	Mt 7,13–14

Impulstext

Im Sommer war ich auf einer echten Traumhochzeit eingeladen. Na ja, zumindest hat das Ganze wie eine echte Traumhochzeit begonnen. Der Weddingplaner hätte es nicht besser inszenieren können: Das schöne Barockkirchlein überm Bodensee, Sektempfang mit Blick bis zu den Alpen, ein strahlender Sommertag. Und ein ebenso strahlendes Brautpaar, das in eine weiße Stretchlimousine einsteigt. Eine edle Karosse mit Überlänge. Nach dem Sektempfang soll's nämlich durch die verwinkelte Altstadt zum Festsaal gehen. Ein leckeres Essen wartet auf uns – so lautet zumindest der Plan …
Doch das Letzte, was die Hochzeitsgesellschaft vom Brautpaar sieht, sind die getönten Scheiben der davonfahrenden Limousine. Zwei Stunden später sind die beiden frisch Verheirateten immer noch nicht beim Festsaal eingetroffen. Ich sehe einige besorgte Gesichter. Andere eher hungrig und schon leicht verärgert.
Endlich ein Anruf des Bräutigams: Die ganze Sache verzögert sich noch etwas. Die Stretchlimo ist in den engen Gässchen der Altstadt stecken geblieben. Ich kann mir ein Schmunzeln nicht verkneifen. Besser hätte man die Geschichte nicht erfinden können.
Manchmal ist die Stretchlimo einfach eine Nummer zu groß für die engen Gässchen des Lebens. Das merke ich besonders dann, wenn ich mir zu viel vornehme. Sei's mein Arbeitspensum für den Tag oder eine frisch begonnene Diät. Oft will ich zu viel auf einmal.
Das nächste Hochzeitspaar, bei dem ich eingeladen war, hat sich was anderes

einfallen lassen. Sie wurden mit einer Fahrrad-Rikscha kutschiert. Ich weiß nicht, ob dieses Paar einfacher durchs Leben kommt. Aber die verwinkelten Sträßchen um die Kirche, die haben sie eindeutig besser gemeistert.

Biblischer Text: Mt 7,13–14

Einleitung:

Jesu Bergpredigt haben viele Menschen gehört. Das, was er dort sagt, muss die Zuhörer aufgerüttelt haben. Unter anderem sagt Jesus in der Bergpredigt:

Geht durch das enge Tor! Denn das Tor ist weit, das ins Verderben führt, und der Weg dahin ist breit, und viele gehen auf ihm.
Aber das Tor, das zum Leben führt, ist eng, und der Weg dahin ist schmal, und nur wenige finden ihn.

Aktivierung

- TN erhalten Zettel in Postkartengröße und beschriften sie mit Situationen aus ihrem Leben: Wo bin ich bequem?
- Die beschrifteten Zettel werden mit Hilfe einer Buchklammer zu einem »Buch der Bequemlichkeit« gebunden.
- Das Buch wird zum Kreuz gestellt.

Gebet/Segen:

Guter Gott,
das Bequeme liegt so nah.
Es versucht mich.
Es verführt.
Lass mich auch die unbequemen Lösungen erkennen.
Sie in Erwägung ziehen.
Sie wagen.
Amen.

Lied

- KR 390/TR 731/EH 124: Den Weg wollen wir gehen
- UW 84: Zeige uns den Weg

36. Babyklappe für Teenager

Leben heißt »Aushalten«

Material:
- (Pflaster-)Stein für jeden TN
- »Steinmeditation«
- Osterkerze
- Liedblatt oder Liederbuch

Vorbereitung:
- Steine bereitlegen

Stichwort: Ärger, Eltern, Versöhnung, Grenzen, Vertrauen

Bibelstelle: Lk 2,41–50

Impulstext

Da hat sich das Parlament in Nebraska ganz schön vertan. Als die Abgeordneten ein Gesetz verabschiedeten, dachten sie in dem US-Bundesstaat eigentlich an eine Art Babyklappe. Eltern sollten ungewollte Kinder straffrei in Krankenhäusern abgeben dürfen. Und das haben die Eltern auch getan. Nur: Es waren keine Babys, die da abgeliefert wurden, sondern die meisten waren Teenager. Eltern kamen sogar von weit her nach Nebraska gefahren, um ihre halbwüchsigen Kinder abzugeben. Eine tragische Geschichte.

Das Babyklappengesetz hatte einen kleinen Fehler: Weil sich das Parlament nicht auf Altersgrenzen einigen konnte, schrieb man einfach »Kinder« hinein. Mit schwerwiegenden Folgen, wie man sieht. Wer aber nun glaubt, mit einer Nachbesserung des Gesetzes sei's getan, der irrt wahrscheinlich. Denn die Probleme zwischen Eltern und Jugendlichen, die bleiben.

Diese Probleme gibt es auch bei uns. Ich werde immer wieder von verzweifelten Eltern angesprochen, die Probleme mit ihren pubertierenden Kindern haben. Aber auch mir fällt da keine Patentlösung ein.

Viele Eltern geben sich unheimliche Mühe. Probieren es mit den unterschiedlichsten Strategien. Sie wollen die Kumpel ihrer Kinder sein, sie wollen sie coachen oder sie erlassen immer strengere Gesetze und Regeln. Ich bewundere diese Eltern. Vor allem dann, wenn sie bei den Jugendlichen mit ihren Versuchen immer wieder auf Granit beißen.

Aber es ist nun mal so in der Pubertät: Viele Jugendliche müssen sich an etwas reiben. Sie wollen Grenzen austesten und brauchen die Auseinandersetzung mit

der Familie. Wichtig erscheint mir also, mit den Jugendlichen in Kontakt zu bleiben, das Gespräch zu suchen.
Wie gesagt, ein Patentrezept gibt es nicht. Aber es gibt einen Trost: Die meisten Eltern und Kinder halten diese Zeit irgendwie durch. Und eines scheint sicher: beide können an der Aufgabe wachsen und sich dabei weiterentwickeln. Kein Grund also, nach Nebraska zu fahren, und ihr Kind abzugeben.

Biblischer Text: Lk 2, 41–50

Die Eltern Jesu gingen jedes Jahr zum Paschafest nach Jerusalem. Als er zwölf Jahre alt geworden war, zogen sie wieder hinauf, wie es dem Festbrauch entsprach.
Nachdem die Festtage zu Ende waren, machten sie sich auf den Heimweg. Der junge Jesus aber blieb in Jerusalem, ohne dass seine Eltern es merkten. Sie meinten, er sei irgendwo in der Pilgergruppe, und reisten eine Tagesstrecke weit; dann suchten sie ihn bei den Verwandten und Bekannten. Als sie ihn nicht fanden, kehrten sie nach Jerusalem zurück und suchten ihn dort.
Nach drei Tagen fanden sie ihn im Tempel; er saß mitten unter den Lehrern, hörte ihnen zu und stellte Fragen. Alle, die ihn hörten, waren erstaunt über sein Verständnis und über seine Antworten.
Als seine Eltern ihn sahen, waren sie sehr betroffen, und seine Mutter sagte zu ihm: Kind, wie konntest du uns das antun? Dein Vater und ich haben dich voll Angst gesucht. Da sagte er zu ihnen: Warum habt ihr mich gesucht? Wusstet ihr nicht, dass ich in dem sein muss, was meinem Vater gehört? Doch sie verstanden nicht, was er damit sagen wollte.

Aktivierung

- Jeder TN erhält einen (Pflaster-)Stein.
- Steinmeditation (s. Anlage) wird vorgelesen
- TN überlegen, wo sie ihren Mitmenschen das Leben schwergemacht haben (evtl. entlang von Fragen) und packen diese Situationen gedanklich in den Stein.
- Die Steine werden in die Mitte um die Osterkerze gestapelt.
- Die Osterkerze wird entzündet.

Gebet/Segen

Guter Gott,
in meinem Leben gibt es vieles,
was hart ist,
was Kanten hat,
was schwer fällt.
Hilf mir, Herr,
diese Dinge auszuhalten,
nicht an ihnen zu zerbrechen,
vielleicht sogar, daran zu wachsen.
Darum bitten wir durch Christus unseren Herrn. Amen

Lied

- KR 282/UW 93/EH 147/RU 021: Meine engen Grenzen

Stichwortregister

Hinweise zu den Textquellen

In wenigen Fällen ist es uns trotz großer Mühen nicht gelungen, alle Inhaber von Urheberrechten und Leistungsschutzrechten zu ermitteln. Da berechtigte Ansprüche selbstverständlich abgegolten werden, ist der Verlag für Hinweise dankbar.

Bildnachweis

S. 9: »Jemand zu Hause?« (108457) © www.photocase.com/DonEspresso
S. 27: »Aufschwung« (149705) © www.photocase.com/aremac
S. 47: »vodka talking« (85884) © www.photocase.com/testfight
S. 67: »langwelle« (98245) © www.photocase.com/pip
S. 85: »wasserrad« (115369) © www.photocase.com/hketch
S. 105: »überwachnung« (5050580) © www.photocase.com/elsone